불안하더라도 오늘 하루만은 행복하게

불안하더라도 오늘 하루만은 행복하게

초 판 1쇄   2020년 09월 16일

지은이 정길애
펴낸이 류종렬

펴낸곳 미다스북스
총괄실장 명상완
책임편집 이다경
책임진행 박새연 김가영 신은서 임종익
본문교정 최은혜 강윤희 정은희 정필례

등록 2001년 3월 21일 제2001-000040호
주소 서울시 마포구 양화로 133 서교타워 711호
전화 02) 322-7802~3
팩스 02) 6007-1845
블로그 http://blog.naver.com/midasbooks
전자주소 midasbooks@hanmail.net
페이스북 https://www.facebook.com/midasbooks425

© 정길애, 미다스북스 2020, *Printed in Korea*.

ISBN 978-89-6637-850-0 03190

값 15,000원

불안하더라도 오늘 하루만은 행복하게

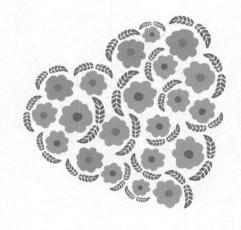

정길애 지음

미다스북스

당신은 지금 어떤 생각과
마음으로 하루를 살고 있나요?

나는 현재 공인중개사로 일한 지 3년째이다. 우리나라에서 해마다 만 명 이상이 배출되는 공인중개사가 뭐 그리 대단하냐고 말할지 모르지만 나는 정말로 이 자격증을 얻기 위해 많은 노력과 수고를 했다. 나는 공인 중개사 자격증을 취득하고 공인중개사가 된 것이 내 인생의 자랑이다.

국가 자격증 3개(운전면허증, 조경기능사 자격증, 공인중개사) 중에서 가장 많은 시간을 할애해서 공인중개사 자격증을 취득했다. 이 자격증으 로 인해 제2의 인생을 새로 시작할 수 있는 용기를 가지게 되었다. 나는 제2의 직업에 대해 자랑스럽게 생각한다. 또 책을 쓰는 일을 하나 해냈 다. 책을 쓰고 싶은 마음은 원래 어릴 때부터 가지고 있던 버킷리스트다.

지금 꿈을 이루게 되어서 행복하다. 현재 나는 61살 회갑을 앞두고 있
는 사람이다. 결혼 전에 6년, 결혼 후에 했던 작은 알바들까지 합치면 일
을 10가지 넘게 해본 것 같다. 여러 직업과 알바들을 하면서 아이들을 키
우기 위해 열심히 살아냈다. 결혼 후 40대 중반부터 직장 생활을 시작해
서 12년을 했다. 그러다가 갑작스러운 폐업으로 직업을 잃었다. 6개월 정
도 쉬고 근로복지공단에서 2년 정도 일하고, 알바 등을 하면서도 아이들
을 돌보고 살아내느라 진정한 나를 찾아 살지는 못했다. 실직으로 마음
이 무거운 상태였는데 자기계발 책들을 수없이 읽으면서 내면의 아이가
성장했다. 그리고 우연히 만난 〈김도사TV〉를 통해 책을 쓸 것이라는 생
각도 없이 '한책협' 일일 특강에 한번 참석했다가 김태광 도사님 덕분에
책을 쓰게 되었다. 코로나로 인해 직장에 고객이 뚝 끊기고 할 일이 줄어
든 상황에서 할 수 있는 것이 별로 없었는데 성공한 사람이 책을 쓰는 것
이 아니라 책을 써서 성공하는 것이라는 김도사님의 말이 가슴에 꽂혔
고, 그래서 한번 도전해보고 싶었다.

책 쓰기는 어릴 때부터 하고 싶었던 일이다. 책을 쓰면서 어리고 작은
미숙한 내면의 아이를 만나고, 좋은 관계를 만들고, 의식과 마음과 생각
이 확장되고 성장하게 되면서 책을 쓰는 것이 나의 사명처럼 느껴졌다.

나는 작은 키로 인해 자신감과 자존감이 없이 살았던 과거의 모습을

떨쳐버리고 싶었다. 이제는 좀 더 자신감 있고 당당하게 살고 싶었다. 그래서 『불안하더라도 오늘 하루만은 행복하게』라는 제목으로 책을 쓰면서 자존감 낮은 나를 벗어나는 이야기와 살면서 터득했던 것을 이야기하고 싶었다. 방향을 전환해서 제2의 인생을 제대로 살고 싶었다. 책을 쓰는 것이 결국 내가 하고 싶은 것이었기에 도전하는 내내 행복했다.

이제는 마음 깊은 곳에 숨겨진 하나님의 본질과 사랑과 진정한 나를 향한 소명을 제대로 알고 전하는 행복 전도사가 되고 싶다. 살아 있어 행복하다. 이제는 하나님이 소명과 사랑을 맘껏 드러내고 살도록 힘이 되어주시고 계신다는 것을 안다. 능력의 하나님은 나를 통해 드러내고 싶어 하신다. 능력이 되어주시고 자신감과 자존감 있는 삶을 살도록 허락해주신 그 사랑에 힘입어 행복을 나누며 나처럼 자존감이 낮은 사람들에게 작은 힘이 되고 위로가 되고 싶다. 세상에 하나님의 사랑이 넘치고, 하나님의 은혜가 넘치고, 하나님의 축복이 넘친다는 것을 전하고 싶은 작은 행복의 전도사다.

이 책 속에서 남편은 희생양이 되어 등장하지만 지금은 가장 행복하게 살고 있다. 남편도 자신이 하고 싶은 일을 찾아서 열심히 살고 있다. 나의 가족 모두 각자의 자리에서 열심히 잘 살고 있으며, 서로 원망하지 않고 하나님의 은혜로 바르게 살게 되었다. 책 쓰기는 기적이다.

지금도 날마다 기적을 체험하고 있다. 네빌 고다드의 "끝에서 시작하라. 상상하고 기도하라. 기도한 것은 받은 것으로 믿으라."라는 의식혁명은 나를 가장 많이 변화시키고 진정한 하나님을 깨닫게 했다. 지금도 그 책의 내용을 삶에 적용하며 살고 있다. 어제도 깨질 뻔한 계약을 밤새 기도하고 기도하며 상상으로 결과를 놓고 끝까지 붙잡아서 성사시켰다. 모든 것은 기도 가운데 받은 대로 실천한 것이고, 계약을 이루도록 문구 한 마디를 생각나게 하신 것도 하나님이다. 그분이 지금도 살아 계셔서 나와 함께하시고 나를 붙잡고 이끌고 계시기에 나는 행복하다. 미래에도 두려움이 없다. 하나님의 사랑과 능력을 믿고 나아가게 되어 행복하다.

세상에는 자신의 사랑의 크기를 모르는 사람과 자신을 사랑하고 사는 사람이 있음을 안다. 자신을 사랑하고 사는 사람이 많지 않다. 자신을 어떻게 사랑하고 생각하고 사는지가 가장 중요한 것인데도 늘 자신을 하찮게 여기고, 작은 존재로 여기고, 자신을 사랑하는 법을 남과 비교하느라 잊어버리고 살고 있다. 우리는 존엄성과 자기 사랑을 잊어버리고 사는 게 겸손한 모습이라고 생각한다. 나 또한 그런 생각으로 나를 바라보고 규정하며 살았다. 이제 나는 세상에서 가장 나를 사랑하는 사람이 되었다. 사랑하고 나를 소중하게 여기며 나를 비롯한 다른 사람을 더 존귀히 여기고 사랑하는 사람이 되었다. 지금도 나는 가족을 비롯한 주변 사람에게 내가 할 수 있는 작은 사랑을 실천하고 있다. 기도하는 것, 축복해주는 것, 사랑을 주는 것, 이 모든 것을 진심을 다해서 전하고 있다. 그래서 하는 일도 조금씩 늘어나고 있다. 하나님의 은혜로 잠깐 만난 손님이 나를 찾아와서 계약까지 이루어지는 것을 보면 작은 인연과 짧은 순간에도 사랑과 친절을 베풀어야 한다는 것을 알게 된다. 하나님은 모든 환경을 통해 나를 성장시키신다. 날마다 하나님의 사랑으로 거듭나고 예수님의 진실한 사랑을 느끼며 진정한 사랑으로 살고 있다.

오늘도 나를 비롯해 모든 사람이 행복하기 바란다. 그리고 이 책을 쓸 수 있는 용기와 사랑을 베풀어주신 '한책협' 김도사님과 권마담님 그리고 스탭진 모두에게 감사를 전한다. 우리는 모두 자신의 생각보다 더 능력 있게 사랑으로 살 수 있는 존재이다. 우리는 존귀한 자들로 온 우주 가운데 특별한 삶을 살고 있다. 마지막으로 한마디하겠다.

"서로 행복을 선택하고 행복하게 살아요! 감사합니다!"

목 차

2 장 상처만 주는 가짜 자존감, 마음을 치유하는 진짜 자존감

5 장

불안하더라도
후회하지 않도록 살고 싶다

1 장

오늘 하루라도
행복하게 살 수 없을까?

1

나는 언제나 섬이었다

어릴 적 나의 꿈은 초등학교 교사가 되는 것이었다. 그 꿈은 고등학교를 상고로 진학하면서부터 나도 모르게 현실 속에서 사라졌다. 고등학교 다닐 때 가정에서 동생들을 지도할 때는 진짜 교사가 된 듯한 기분으로 했다. 맏언니이자 맏딸로서 여섯 동생들을 씻기고 지도하는 것이 엄마를 대신한다기보다 그냥 내 일처럼 여겨져서 신나고 좋았다.

고등학교 다닐 때 나는 광주라는 도시에서 학교를 다녔고, 우리 집은 논밭과 산들로 둘러싸여 있는 첩첩산중에 있었다. 어릴 때에는 시골인 줄 모르고 자랐는데, 학교를 졸업하고 직장을 다니고 사회생활을 하면서 어른이 되어 보니, 첩첩산중이란 말이 실감나는 곳이 우리 집이라는 사실을 알게 되었다.

우리 집의 큰딸인 나는 아버지의 자랑이고 싶었다. 공부는 남들 하는 만큼 초등학교 시절부터 나름 상위권에 있었다. 공부하는 것이 좋았던 중학교 3학년 때 고등학교 진학을 결정하는 과정에서 아버지는 갑자기 상고를 가라고 말씀하셨다. 상고가 어떤 곳인지도 모르고, 고등학교 보내주시는 아버지의 사랑에 감사해서 상고를 갔다. 진로가 평생을 좌우할 줄 모르고 아버지의 생각에 따랐다.

고등학교 때부터 나는 외로운 섬이 되어가고 있었다. 입학해서 담임 선생님과의 첫 대면, 모두 공부 잘하는 아이들만 모여 있는 교실에 도시에서 자라지 않은 시골 촌년인 나는 너무나 어눌한 고등학생이었다. 처음에 아이들을 키 순서대로 세우고 번호를 정한다. 나는 당연히 1번이었는데, 키순으로 세울 때면 언제나 자존감이 무너진다. '왜 나는 작을까? 나는 왜 키가 자라지 않는 걸까?' 다른 친구들처럼 많이 먹어도 키는 자라지 않고 나의 자존심은 바닥을 기어가고 있었다. 키순으로 앉아서 담임 선생님은 아이들이 등하교를 어떻게 하는지 알아보셨다. 나는 그 시간부터 섬이었다.

담임 선생님이 통학하는 학생을 물어보실 때 버스를 타고 학교를 다닌다는 관계로 손을 들었더니 "어디 사는데?" 물으신다. 그래서 시내 ㅇㅇ 동이라 말씀드렸더니 담임 선생님 말씀 "통학은 그런 게 아니야. 시외버스를 타고 다녀야 하는 거야." 하시면서 핀잔을 주신다. 나는 시내버스를 타고 학교에 다니고 있었다. 도시를 배우고 학교생활에 적응하기가 너무 어려웠다. 시골 고향 고등학교로 전학가고 싶었다. 아버지께 말씀드려 그렇게 하고 싶었지만 그럴 용기도 없었다.

고등학교 3년을 지내면서 내내 마음은 고향에 있었다. 그래서 일주일이 멀다 하고 토요일이면 시골집으로 향했다. 봄이 되면 개구리 소리, 찔레꽃, 민들레, 산야에 있는 많은 산나물, 고향의 산에 핀 진달래, 모든 자연이 그리웠다. 그래서 늘 외롭고 힘든 고등학교 시절을 보냈던 것이다. 이런 삶이 섬처럼 여겨지고 언제쯤 밖으로 나갈까 하고 늘 생각했던 것 같다. 엄마를 떠나 처음으로 고등학교 다닐 때 이모 집에서 하숙을 했는데 그때 이모를 처음 만났다. 도시 이모가 엄마랑 많이 닮으신 관계로 이모 집 살이는 힘들지 않게 적응했다. 이모부와 이종사촌 동생들 그리고 이모님의 시모님, 이모님의 시동생까지 대가족이 살고 있는 이모 집에서의 하숙은 힘들지 않았다.

섬일 수밖에 없는 나. 도움을 받을 곳이 없었다. 특히 여자로서 생리대를 사러 약국에 갔지만 탈지면만 사가지고 오는 일이 허다했다. 브래지어를 고등학교 가면서 착용하게 되었다. 친구 자취방에서 친구의 도움으로 처음 브래지어를 착용하던 날이었다. 친구와 함께 양품점에서 브래지어를 사서 친구 자취방으로 갔다. 친구의 도움으로 브래지어를 착용하고 후크를 채우는데 부끄럽고 창피해서 여자의 몸인 내가 싫었다. 여자로서 알아야 하는 것을 엄마로부터 배우지 못하고 부끄러움만 가득 안고 혼자서 터득하며 살게 되었다. 친구의 도움으로 생리대를 사러 약국에 한두 번 가게 되면서 조금씩 부끄러움은 사라졌지만, 당당하지 못하고 늘 죄인처럼 몰래 생리대를 꽁꽁 싸가지고 사오던 시절은 지금도 많은 아픔과 창피한 기억으로 남아 있다.

누구에게 잘못한 것도 아니고 아픔을 주는 것도 아닌데 왜 늘 죄인처럼 그리 몰래 생리대를 사고 브래지어는 빨아서 보이지 않는 곳에 널었던 것일까? 엄마가 그렇게 하라고 하신 것도 아닌데 스스로 난 조선시대 여자처럼 살았던 것 같다. 여자의 몸으로 가져야 할 존귀함은 한 번도 느껴보지 못하고 모든 게 귀찮고 힘들게 느껴졌다. 그래서 '여자로 태어난 것이 죄인'이라는 할머니의 말이 실감나기도 했다. 생리통은 심해가고 여자인 것이 정말 힘들어서 다시 태어날 수 있다면 남자로 태어나고 싶다는 생각도 많이 했다.

고등학교를 졸업하고 아버지의 도움으로 관공서에 취업을 하게 되었다. 그곳에서 일하면서 많은 것을 또 배워야 했다. 직장에서 일하면서 가장 말단 사원으로 상사분의 개인적인 잦은 심부름 즉 개인 집의 공과금 납부 및 담배 심부름을 할 때면 참을 수 없는 분노가 일었다. 그래서 나는 도저히 못 하겠다고 반기를 들었다. 다행히 그 상사는 건방진 나를 이해해주셨고, 다른 부서에까지 개인적인 심부름은 시키지 않는 문화가 생겼다. 그때는 내가 참 용감해 보이고 뭔가 한 것 같은 기분이었다. 비록 그 상사를 비롯해 주변의 상사들로부터 건방지다는 얘기를 들었지만, 나는 지금도 잘했다고 생각한다.

졸업과 동시에 이모 집을 나오게 되면서 나는 삼촌, 외사촌 여동생과 셋이서 자취를 하기로 했다. 드디어 취직을 했으니 자취를 하는 나는 가장 아닌 가장이 되어 있었다. 위로 8살 차이 나는 삼촌은 직장에 다니면서 생활비를 주지 않았고, 외사촌 여동생은 학교를 다니고, 나는 돈을 벌어서 살림을 하는 엄마가 되어야 했다. 1년의 자취 생활을 하고 난 후 내둘째 동생은 대학 진학으로, 셋째 동생은 고등학교 진학으로 도시에 오게 되니 우리는 방을 더 큰 것으로 구하러 다녔다.

지금 생각하면 어떤 상황에서도 잘하고 살았던 나를 칭찬해주고 싶다. 부동산을 통해서 2층의 넓은 방을 구했다. 삼촌 1명, 아버지 고종사촌 1명의 남자 2명에, 친동생 2명(대학생 하나, 고등학생 하나), 외사촌 여동생 2명(한 명은 취직 공부, 한 명은 아직 고등학생), 또 임시로 내 친구 한 명 이렇게 여자 6명 해서 8명의 가장으로 나는 자취 생활을 하고 있었다.

도시에서 8명이 사는 것이 얼마나 힘든 줄 모르고 진짜 열심히 살았다. 그때는 김치를 이틀에 한 번씩 담갔다. 자취방 가까이에 있는 동네 슈퍼 아줌마의 도움으로 이틀이 멀다 하고 김치를 담그는 것이 퇴근 후 나의 일과였다.

출근하면서 슈퍼 아줌마에게 김치 담근다고 말하면 벌써 배추를 깨끗이 다듬어주신다. 그러면 나는 김치를 버무리기만 하면 되었다. 참 고맙고 감사한 그 슈퍼 아주머님, 그때 그분의 사랑이 살면서 그리워질 때가 많다.

동생들 챙기고 직장 다니고 고되고 힘들었던 나는 하나의 작은 섬이 되어 있었다. 친구들과 놀러가는 것도 없다. 가끔 시내에서 친구들 만나서 수다 떨고 집에 오는 게 고작이었다. 친구들이 데이트를 한다고 하면, 작은 키라서 친구들이 나를 소개시켜주지도 않는다고 생각하며 혼자 외로운 섬으로 잘 사는 것처럼 직장에 다니고 있었다. 직장 생활도 힘들지 않았다. 식구들 밥해주고 동생 도시락 싸고 학교 보내고 빨래하고 청소하고 엄마보다 더 많은 일을 했다. 그리고 혼자 고립된 섬이 되어 '언제

나는 섬 밖으로 나갈 수 있을까? 이렇게 돌보는 가족들로부터 언제쯤 독립할 수 있을까?' 생각했다. 혼자 빨래하며 울고 밥하며 울고 서글픈 내 인생, 고립된 섬 같은 나를 보며 불쌍해서 울고 있었다.

그때를 생각하면 지금도 가슴이 먹먹해진다. 내가 하고 싶은 공부를 하지도 못하고, 직장에 다니면서 대학 입시 학원을 다녀야지 했는데 그것도 생각대로 되지 않고, 참 못난 나를 내가 만들고 규정하며 섬처럼 가슴과 머리가 다른 삶을 살고 있었다. 대입학원을 다니려고 저녁 입시반에 등록을 하고 공부를 시작했다. 시작한 지 한 달 정도 지나서 학원이 문을 닫아 학원 공부도 하지 못하고 나의 대학교 꿈은 멀어져갔다. 또 가족의 일상사에 나를 내버려두고 나이만 먹은 것이다.

오로지 가족을 위해 열심히 살았던 나. '작은 키면 어때' 하고 친구들과 어울려도 되는데 괜히 부끄럽고 창피해하며 친구들의 미움을 사면 어쩌나 하는 마음에 용기도 없어서, 마음은 나가서 같이 놀고 싶어도 나의 외로운 섬을 떠나는 것을 두려워했다.

친구들은 대학교 다니면서 신나게 살고 있었다. 나를 제외한 모든 친구는 행복해보였다. 뭔가를 배운다는 것이 그렇게 자신감 있게 만드는 것인 것을 그때 많이 느꼈다. 많이 부러웠다. 나는 변함없는 하루하루를 살면서 일하고 한 달이 되면 월급 받고 동생들 돌보고 사는 것만이 오로지 내가 잘하는 일인 것 같았다. 아버지가 가끔 자취집에 오시면 맛있는 거 사주시고, 엄마가 보내주신 푸짐한 반찬으로 포식하고 자취 생활을 하면서 통통한 나로 변하고 있었다. 작은 키에 몸무게가 많이 늘어 그렇잖아도 작아서 싫은데 통통하게 변하는 내 모습이 너무 싫었다.

그때로 다시 가라 하면 지금도 여전히 그런 모습이 아니었을까 생각한다. 아마 그때 나는 너무 어리고 작은데 큰딸이라는 데 무게를 크게 두고 살았던 것 같다. 하지만 이제는 그냥 나를 나로 보고 살아가고 있다. 지금이 더 오히려 홀가분한 마음이고, 더 이상 큰딸의 자리에서 머물지 않아서 좋다.

$$\boxed{2}$$

무엇 하나 내 마음대로 되지 않을 때

누구나 살면서 마음대로 되지 않을 때가 있음을 알고 느낄 때가 많을 것이다. 나도 그런 때가 많았다. 그럴 때마다 '왜 내 의도대로 되지 않았을까? 왜 이런 결과를 가져왔지?' 하는 막연한 생각을 잠깐 하고 지나쳤다. 그런데 살면서 생각해보면 마음대로 되지 않는 것이 반복되고 있었다.

첫 번째 만났던 가장 불편한 진실은 남편의 실직 상태였다. 나의 신혼 때의 일이었다. 남편은 결혼한 지 20일 만에 이라크로 현대건설을 통해 현장 노동자로 출국해서 돈을 벌었다. 그는 목돈을 만들겠다고 이라크로 나가기 위해 잠시 쉬는 동안 나와 선을 보고 급하게 선본 지 4주 만에 결혼을 하게 되었다. 누나들과 어머님의 성화로 결혼을 위한 결혼을 하고 외국으로 나가야 하는 거였다. 남편은 결혼해서 서울에서 방 얻을 돈이 없으니 시골에서 귀국할 때까지 부모님과 함께 살았으면 하는 마음을 나한테 말했다. 결혼 후 며칠 시골에서 살았다. 살아보니 못 살 거 같았다. 그래서 밤마다 남편을 설득했다. 결국 출국 3일 전에 서울로 이사를 급하게 와서 짐을 풀고 출국 준비하고 소용돌이 치는 신혼 생활 가운데 있었다. 내가 원하는 것은 그저 알콩달콩 사는 신혼이었다. 출국 전날 남편의 출국을 환송하기 위해 가족 모두 모여서 환송 파티를 했다. 시댁 식구들을 두 번째 보는 거라서 어색하고 불편했다. 출국하는 날 아이들의 큰아버지가 택시를 하고 계셨기에 택시로 김포 공항까지 태워다주고 서운함과 아쉬운 마음도 어리둥절 지나갔다. 그때 친정아버지도 오셨는데 우리 아이들 큰아버지가 택시로 인천 월미도 관광을 시켜주셨다. 그러면서 "제수씨, 서운하겠지만 잘 참고 사시라."고 부탁하셨는데 시숙님의 배려에 이제야 감사한 마음을 전하게 된다.

귀국해서 남편이 직장을 간다. 작업복을 입고 일하는 사람이라서 작업복이 찌들어 오는 날은 부엌 바닥에서 뻣뻣한 솔로 작업복을 빨고 살았다. 월급 받는 기쁨도 잠시, 2년 정도 지나서 남편이 직장을 그만두고 쉬게 되었다. 거의 6개월을 쉬게 되면서 월급 받아 살던 생활에서 한순간에 실업자로 전락하게 되었다. 나의 마음과 생각은 더 바닥이었다. 그럴 때마다 같은 집에 살던 언니가 나의 많은 얘기를 들어주었다. 지금도 만나고 친하게 지내고 있다. 나의 불평과 불만을 언니가 많이 들어주었다. 아이들 놀게 하고 방에 앉아 남편의 단점과 부족한 점을 끝없이 토로하며 살았던 세월이었다.

그런 불평불만을 하기 전에 지금처럼 의식을 바꾸는 일을 했다면 좋았을 텐데 그때는 매번 그 언니에게 동정을 사고 싶은 마음에 남편이 나에게 힘들게 하는 것을 끝없이 얘기하고 살았다. 남편은 6개월 정도 지나면 또 직장을 구해서 일을 한다. 이번에는 3년 정도 일하고 8개월 정도를 쉰다. 그런 일이 결혼 35년차에 10번 정도였다. 뜻대로 되지 않는 삶 때문에 아내인 나는 정말로 힘들었다. 그래서 내가 직접 직장을 구해서 일하기 시작했다. 우편취급국에서 12년을 쉬지 않고 일했다. 남편의 직장 이직이 있어도 조금도 불안하지 않았다. 불안한 것을 내려놓고 스스로 살 수 있는 힘이 생기니까 신나고 좋았다.

40대 중반이 가장 힘 있고 즐겁게 살았던 시기였다. 처음으로 내 집으로 분양을 받은 아파트로 들어가서 살았다. 처음에는 아파트에 들어가니까 행복하고 날아갈 것 같았다. 모든 살림을 바꾸고 집으로 들어갔는데 3년도 되지 않아 또 남편이 실직했다. 왜 그럴까? 나의 인생은 언제나 도돌이표로 조금 나아졌다고 생각하면 또 어려움이 왔다. 같이 살지 않으면 안 될까? 날마다 아파트 창밖을 보면서 생각했다. 왜 늘 이렇게밖에 살 수 없을까? 그래도 다음 날 되면 일할 수 있는 곳이 있어 나는 견딜 수 있었다. 직장에서 일하다 보면 모든 것을 잊고 정신없이 살았다. 바쁜 시간을 보내고 집으로 가는 길에 시장에서 반찬을 사서 밥을 하고 음식을 만드는 일이 모두 나의 책임이었다. 몸이 고달픈 것보다 마음이 더 힘들었다. '왜 늘 이런 생활이 반복되는 것일까?' 두렵고 겁났다.

남편의 양심 없고 아무 변명 없는 무료한 삶이 너무 싫었다. 싸움도 못 하고 얘기도 못 했다. 나는 날마다 혼자 살 수 있는 길을 찾고 있었다. 그런데 찾을 수 없었다. 워낙 남편의 수입에 기대어 살았기에 남편으로부터 독립하는 것이 무서웠다. 가끔 그때 서로 독립했더라면 더 좋은 인생을 살지 않았을까 하는 생각을 하기도 한다. 여전히 지금도 같이 살고 있지만 그때부터 벌어진 사이는 20년 가까이 좁혀지지 않는다. 남편도 나에게 많은 상처를 받았을 거다. 말은 하지 않았지만 표정과 몸으로 거부하고 조용한 가족이 되어가고 있었으니 서로 힘든 세월을 잘 견디고 살아왔다. 그래서 우리는 서로에게 인내의 상을 줘야 하지 않을까 한다. 인내의 상을 기대하는 것은 아니지만 나 스스로 참고 견디며 지친 나를 데리고 사는 것은 죽음보다 더한 고통이었다.

지옥 같은 삶, 차라리 죽었으면 얼마나 좋을까? 경제적으로 무거운 마음에 덜컥 아파트를 팔아서 월 수입이 나오는 작은 평수의 단독으로 옮겼다. 나의 판단 미숙으로 아파트를 판 것이었지만, 작은 단독에서 살면서 좋은 점은 옥상에서 하늘을 누릴 수 있는 것이었다. 넓고 아름다운 하늘이 모두 나의 것이었다. 옥상에 가서 빨래를 널 때마다 하늘에 닿은 내 마음이 풍요롭고 행복했다. 하지만 그것을 제외한 모든 것은 불편 그 자체였다. 한두 해 지나고 나니 불편하고 마음까지 힘들어진다. 다시 이사 가고 싶었다. 판단 미숙으로 팔아버린 아파트에 대한 미련이 많았다. 그러면서 또 왜 나는 무엇 하나 앞으로 나아가지 못하는지, 운명의 굴레가 있었던 것은 아닌지, 아니면 남편을 미워한 죄가 이렇게 나에게 왔는지 여러 가지 상념에 싸였다.

나는 운명이 있다면 벗어버리고 싶었다. 운명이 아니라면 재건하고 싶었다. 그러던 중에 다니던 직장이 갑자기 문을 닫았다. 2014년 6월이었다. 직장이 없어지니 일할 곳도 없다. 무엇 하나 마음대로 되지 않을 때가 여러 번 반복되는 것은 삶에 대한 애착을 갖게 한다. 나는 도전했다. 집에서 쉬는 동안 여성발전센터에서 한자 공부도 하고, 아이를 케어하는 베이비시터 공부도 하고, 집에서 노는 날은 하루도 쉼 없이 자격증을 취득하러 여성발전센터에 갔다.

2015년 1월 어느 날 근로복지공단 사회복지요원 고용보험 안내원을 모집하기에 지원했다. 관공서는 여자들이 다니기에 편하다는 생각을 했다. 나이 제한이 없어 경력을 가지고 도전했다. 근로복지공단에 면접을 보러 갔을 때 면접관 앞에서 얼마나 떨었는지 모른다. 세상에 태어나서 처음 면접 보러 간 것이다. 면접을 보면서 너무 떨려서 면접관 앞에서 제대로 말을 하지 못했다는 생각으로 고배를 마셨구나 생각했다. 집에 와서 억울한 마음에 혼자서 면접을 보았다. 그런데 합격을 했다. 10개월의 계약직인데 어찌나 경쟁이 심한지 합격의 기쁨은 서울대 합격과 비슷했다. 2016년 2월쯤 재도전해 다시 합격하여 여유롭게 계약직으로 직장을 다니는 동안 다른 동료들의 소식을 들었다. 동료 친구 한 명이 공인중개사 공부를 하고 있는데 도전하는 그 마음이 대단하다고 했다. 나도 하고 싶은 공부라서 마음이 끌렸다. 나도 도전해봐야지 하는 마음이 들었다.

2년 동안 근로복지공단 직원으로 일했다. 1년을 쉬고 재도전할 수 있다는 회사 방침에 따라 나는 2017년 쉬는 해를 맞이했다. 쉬는 것은 나에게는 용납할 수 없는 일. 친구들은 다 일하는데 혼자서 따분하게 집에서 있는 것이 너무나 힘들었다. 곧바로 실업자. 무엇 하나 마음대로 되는 거 없는 세상에서 운명과 싸웠지만 언제나 넘어졌고, 운명이란 것을 벗어나고 싶었다. 나는 지친 마음으로 날마다 우울함을 벗어나지 못하고 있었다. 집으로 들어오는 발걸음이 쇳덩이를 몇 개 달고 다니는 기분이었다. 나는 우울하고 힘든 마음을 정리하고 싶었다. 그래도 날마다 오늘만 살아보자 하는 마음으로 견디고 살았다. 그랬더니 지금은 그런대로 살 만하다 싶다. 잘 살았다 싶다.

내 마음대로 내 뜻대로 안 될지라도 희망과 소망이 있다면 더 잘 견디었을 것이라 생각한다. 지금은 책을 쓰고 있다. 잘한 일이라 칭찬해주고 싶다. 책을 쓰면서 꿈과 소망을 이루어가고 있다는 마음이 든다. '퍼스널 브랜딩, 책을 써서 유명해지고 나를 세상에 알리는 것.' 이것만이 나의 살 길이다. 나를 응원한다. 무엇 하나 내 마음대로 되지 않은 것이 아니라 모든 것이 내 마음대로 되는 것이라는 것을 이제는 안다. 많이 돌아왔다.

내 마음을 가장 잘 아는 이는 누구일까?

자기 마음을 자기가 몰라서 힘들게 살고 있는 사람이 대부분이다. 그런데 진짜 자기 마음을 자기가 알기 어렵고, 내 마음을 누군가 알아준다고 해도 그 사람은 자기 나름대로 해석해서 주변 사람에게 나의 뒷담화를 하는 경우가 많다. 그래서 친구들 여럿이 모이면 뒷담화의 주인공이 되기 싫어 서로 눈치 보며 화장실을 참고 가지 않는다고 하지 않던가. 우스갯소리이긴 하지만 누구라도 남 말은 쉽게 한다.

나부터 가십거리나 상식에서 벗어난 뉴스를 보면서 많이 투덜거리고 비판했다. 나도 모르게 부정적인 영향을 내 안에 차곡차곡 채워두는 것이 오래된 삶의 습관이자 패턴이었다.

나는 나의 마음을 잘 알아주는 친구들이 있다. 오랜 세월 같이 추억을 만들었던 친구들이 있어서 나는 기쁨을 누리고 살았다. 키는 엄청 차이 나지만 취미가 비슷해서 모임을 결성했다. 서로 제일 친하고 마음 편한 친구들을 불러서 모임을 만들었다. 모임을 만들어서 결성하고 보니 아줌마 5명이었다. 여자들끼리 모임을 만들어 매달 한 번씩 수다도 떨고 세상의 정보를 나누는 멋진 만남이었다. 가끔씩 남편들과 함께 외식을 하기도 했다. 남편들이 더 좋아하고 자기들끼리 더 친하게 지내는 것이었다. 우리의 부러움을 살 정도로 좋아 보였다.

우리는 어느 때부터인지도 모르게 모일 때마다 부부 동반으로 같이 모이기 시작했다. 외국 여행을 비롯한 국내 여행을 거의 10년쯤 했다. 국내 여행으로는 강원도, 설악산, 동해안을 비롯해 제주도, 한라산, 완도, 청산도, 남해, 강진, 진주, 여수, 부산 등 여기저기 많이 다녔다. 여행을 할 때마다 서로 감사하고 아껴주어 좋고, 이런 자리를 만들어준 총무의 희생과 사랑이 돋보였다.

처음으로 해외로 여행을 하자고 계획을 세웠다. 날짜를 정하고 여권을 처음 만드는 날 사진을 찍고 구청에 가서 여권을 신청했다. 기다리면 여권이 나온다 한다. '아, 나도 드디어 해외여행을 갈 수 있구나.' 스스로 뿌듯한 마음이 들었다. 열심히 산 보람을 느꼈다. 특별한 기분, 하늘을 나는 기분이 되어 좋았다.

처음으로 가게 된 곳이 중국 황산 여행이었다. 2010년 봄에 우리 부부 일행 10명은 황산을 관광하게 되었다. 황산의 광대하고 아름다운 풍경에 몽환적인 분위기의 안개와 구름 속의 황산을 무서움에 벌벌 떨며 산행을 했다. 산을 휘감고 도는 구름처럼 산길의 바위들을 붙잡고 아득한 낭떠러지 길의 산 중턱을 조심스럽게 4시간 정도 걸었다. 다리가 후들거리고 힘이 쭉 빠졌다. 다 그렇게 힘들고 무서운 곳인 줄 모르고 가는 거 같다. 겪어봐야 알 수 있다는 말은 진리 중의 진리이다.

황산에서 가장 기분 좋은 것은 많은 관광객들이 모이는 곳이지만 쓰레기통이 깨끗하게 잘 정돈되어 있는 것이었다. 가이드의 말에 따르면 그 산의 길을 만드는 모든 과정이 수작업이었다고 한다. 많은 인력이 동원되었을 텐데 그 희생과 수고에 감사해하며 산행을 했다. 황산의 아름다운 풍경은 고서에 나오는 장대한 한 폭의 그림 같았다. 비가 온 후에 안개와 구름이 산을 유유히 스치듯 지나가는 모습을 보면서 우리는 모두 산신령이 된 것처럼 기분이 좋았다.

그 협곡의 길을 가마를 타고 관광하는 사람들, 특히 노약자가 있었는데 더 무서울 거 같았다. 어떻게 이 협곡의 산길에서 가마를 타고 무서워하지 않을까? 특이한 그 나라의 문화에 고개를 갸우뚱하며 신기하게 보았던 기억이 아직도 남아 있다.

광저우를 관광했다. 아름다운 바다처럼 넓은 인공 호수 서호를 배를 타고 관광했다. 서호에 담긴 구름과 달빛을 마음에 새기며 관광했다. 또 중국 광저우의 도시 공원에 오래된 우리나라 당산나무처럼 고목들이 많은 것은 전쟁 피해가 없었기 때문이란 말에 나무들이 오래 산 것이 부러웠다. 가이드의 말에 고목들의 공원을 보며 우리나라는 전쟁 피해가 컸음을 실감하며 마음속의 깊은 애국심이 일어났다. 다시는 우리나라가 전쟁 없고 활기차고 행복과 번영이 넘치는 나라이기를 기도했다. 다음 날 극장에 가서 경극을 보고 우리 일행은 아이들처럼 신나고 행복한 첫 해외여행을 성공리에 끝냈다. 그해에 모임에 회갑을 맞은 두 분이 있었다. 그래서 우리는 호텔에서 풍선도 불고 중국 케이크도 사고 장식품을 사서 멋진 회갑 파티를 했다.

말하지 않아도 알 수 있는 그 5명 모임은 지금도 유지되고 있다. 지금은 거의 모임을 갖지 않고 있지만 그들이 나의 깊은 내면까지 잘 알아준다고 늘 생각했다. 모이면 흩어질 때도 있는 거 같다. 지금 나는 거의 회비를 내지 못하는 상황이다. 그래서 미안해서 모임에 가지 못한다. 그런데 그 친구는 왜 그러는지 자꾸 묻는다. 길게 설명하기 싫어 자꾸 뒤로 미루고 미안함을 감추려고 한다. 내 사정이 호전되지 않아서 2~3년을 이러고 산다. 어려움에 처했을 때 진짜 친구를 알 수 있다고 하지만 각자의 삶의 무게들도 만만치 않은 것을 알기에 나는 내 사정을 말하지 않고 살고 있다. 자주 보던 얼굴도 이제는 볼 수 없다. 친구는 서로 비슷한 생각, 비슷한 환경으로 '너 한 번 나 한 번'이 되어야 마음이 편하다.

사람들은 끼리끼리 모인다고 거의 환경이 비슷한 사람들이 만나서 모임을 시작했다. 모두 조금씩 앞으로 경제와 환경이 전진하고 있는 걸 알 수 있다. 그런데 나만 앞으로 나아가지 못하고 경제적인 퇴보가 있었다. 모임에 가면 스스로 나를 반성하고 비교하게 되니 자꾸 모임에서 멀어졌다. 모두 같은 친구들이다. 그런데 한순간의 선택으로, 즉 아파트를 팔고 개인 주택을 사는 순간부터 그 지역이 싫고 마음이 편치 않았다. 왜 그런지 나는 다시 이사 가고 싶었다. 지금 생각하면 사고파는 문제가 어렵지만 않았다면 금방 이사를 했을 것이다. 이사 온 후에 우리 가족은 모두 편하지 않은 모습으로 바뀌었다. 남편의 사고, 나의 실직, 불행은 한꺼번에 온다고 했던가. 그때는 그게 불행인지도 모르고 환경을 벗어나고 싶은 마음에 스스로 아닌 척하며, 불행이 불행이 아니라고 삶의 과정이라고 생각하며 하루도 빠짐없이 열심히 살았던 기억이 있다.

그때부터 나는 책을 읽고 책과 함께 마음과 생각이 성장하면서 진짜 나를 만나게 되었다. 친구로부터 위로받고 나를 잘 안다고 생각한 친구들이 있어서 행복하다 했는데 나의 진짜 마음을 보고 사실 나는 그 친구들이 원하는 모습이었음을 알게 되었다. 나를 제대로 알아주는 사람은 나밖에 없다는 생각을 했다.

우리는 어디에서 누구를 만나도 마음이 편하지 않으면 집에 돌아오는 버스에서부터 불평불만을 한다. '거기는 왜 갔니? 그런 말 들으러 갔어? 혹시 실수한 말 없어?' 혼자서 반성하는 시간을 가장 많이 가진 곳이 버스 안이었다.

그 친구들의 변함없는 우정은 계속되고 있지만 나는 이제 성장했다. 그때의 내가 아니다. 나를 잘 아는 내가 나를 스스로 잘 달래고 스스로 일어나고 있다. 예수님의 십자가를 생각할 수 있는 마음이 되었다. '왜 예수님은 십자가를 꼭 지셨어야 했나?' 생각하고 생각했다. 결론이 마음속에서 왔다. 사랑하고 사랑하고 또 사랑하기 때문이라는 것을 알게 되었다. 지금의 나를 사랑하시는 예수님! 거듭남으로 나를 사랑하고 내가 힘있고 행복하고 능력 있게 살아가기 원하셨다는 것을! 이제야 알 거 같다. 그때의 찝찝하고 싫었던 불행하고 불편한 생각이 그때의 나의 환경이 되었다는 것을 글을 쓰면서 알게 되어 좋다. 글을 쓰지 않았으면 정리하지 못하였을 것이다. 진실을 모르고 막연한 생각으로 살아가고 있었을 것이라는 것을 안다.

당신은 당신의 마음을 알아주는 사람이 누구라고 생각하는가? 당신의 마음을 제일 잘 아는 사람은 바로 당신이다. 당신을 많이 사랑하고 잘 달래고 건강한 보습으로 살아보라. 내 마음 깊은 곳에 있는 나와 화해하고 잘 사는 모습을 보여주어라. 내 마음을 제일 잘 아는 사람은 여기 있다. 바로 나!

외모는 정상, 마음은 장애인으로 살던 때

사실은 '외모는 장애인, 마음은 정상'이 나에게는 더 맞는 말이다. 이렇게 바꾸어 말하면 위대한 일을 하는 사람처럼 여겨지고, 인간 의지의 승리자 같은 마음이 든다. 그런데 나는 늘 외모는 정상, 마음은 장애인처럼 나를 아주 작게 여기고 살던 때가 많았다.

고등학교 다니던 시절, 시골 중학교 출신 동창생들끼리 자주 만나서 모임을 결성했다. 나도 모임에 나가고 싶다고 했다. 고등학교 3학년 때쯤 한 번 참석했는데 보고 싶은 친구들도 많지만 모르는 친구들이 아주 많았다. 친구 고등학교 교실에서 모임을 가졌다. 모두 각자 학교의 교복을 입고 만나니 광주 시내의 모든 학교의 다양성이 드러나고 모두 예뻐

보였다. 당시 나는 나를 정말로 장애인처럼 여겼다. 중학교 때는 거의 같은 키의 친구들이었는데 고등학교 때 그 친구들의 키는 많이 자랐다. 나와 키가 많이 차이가 났다. 나는 모임을 가서 기도 펴지 못하고 조용하게 앉아 말도 못 하고 겨우 인사만 하고 집으로 왔다. 왠지 눈물이 났다. 작고 보잘것없는, 친구들의 옆에도 서지 못하는 나의 작은 키가 나를 눈물 나게 했다. '차라리 다리라도 하나 부러졌더라면….' 하는 마음이 들었다. 아예 장애인라면 친구들에게 동정이라도 받을 수 있지 않을까 하는 생각이 들었다. 일종의 관심받고 싶은 마음과 친구들과 동질감과 소속감을 느끼며 살고 싶었기 때문이리라 생각한다.

그때 고등학교 시절에는 많이 울었다. 사춘기라서 울기도 했지만 엄마를 떠나서 혼자서 지내니까 내 속의 작은 아이가 많이 울었다. 또 키가 자라지 않은 내가 너무나 안타깝고 마음이 아팠다. 남이 뭐라 하기 전에 내가 더 견딜 수 없는 마음이 되었다. 매일 학교 가려고 버스 정류장에 도착하면 모여 있는 남학생들과 사람들의 모든 시선이 나를 향해 쏟아진다. 따가운 시선이 느껴졌다. 마음속으로 나는 주눅이 들어 고개를 숙이고 걷는다. 학교 다녀와서는 내 방 책상에 앉아 시체를 남기지 않고 죽을 수만 있다면 얼마나 좋겠냐는 마음으로 날마다 유서를 쓴다. 그 시절 유서 내용은 지금 생각하면 웃음이 난다. 유서에는 내가 가지고 있는 필통 속 연필과 볼펜을 동생들에게 주는 것과 내 핀과 양말을 동생들에게 주는 것이 전부였다. 귀여운 나의 고등학교 3학년생 유서를 지금 생각하면 웃음이 난다. 나 스스로 키 작은 나를 아주 작은 장애인처럼 취급했다. 나 스스로 가장 부정적이고 초라한 나를 만들어가고 있었다.

나는 남이 보는 것과 관계없이 어디에서든 눈치를 보고 있었다. 남들이 나를 비웃는다고 생각했다. 그래서 사람들과 만나서 사진을 찍을 때면 늘 구석이나 맨 끝에서 찍었다. 그런 부정적이고 초라한 나의 생각이 나를 아주 작게 만들어가는 것이 내가 규정해서 만든 생각이었다. 나의 생각이 작았으므로 재정적 환경이 더 작아지고 있었다. 그리고 재정적 자유로움은 없어지고 겨우를 면치 못하는 삶이 결혼 생활 내내 반복되어 실패자처럼 힘들고 지쳐서 살았던 것이다.

하나님을 사랑하는 자 곧 그 뜻대로 부르심을 입은 자들에게는 모든 것이 합력하여 선을 이루신다는 말씀이 있다. 하나님은 나를 성전 삼고 나의 안에 거하시고 나와 함께하시는 분임을 알게 되었다. 자기계발 책을 통하여 자신을 존귀히 여기며 사랑하는 법을 조금씩 터득해가고 있다. 나의 환경은 변하지 않았지만 마음은 조금씩 회복되어가고 있다.

오랜 세월 작은 키로 인해 나는 행복하면 안 될 거 같고, 불행한 것은 당연한 거 같았으며, 또한 어렵고 힘든 삶을 늘 당연시 여겼다. 이러한 모든 것이 습관이 되어 차츰 나는 나를 부정적인 쪽으로 몰아가고 있었다. 조금씩 나도 모르게 순탄에서 멀어진 삶이 되고 있었다. 생각을 많이 하게 만들고 방황하게 만들고 화나게 만드는 날들이 많았다. 하루는 원망하고 하루는 죽이고 싶고 하루는 죄책감에 시달리고 그 많은 날들을 자신을 바꾸고 일으키는 일에 투자했다면 얼마나 좋았을까? 그런데 내 앞에 있는 많은 문제 안에 죽어라 욕하고 미워하며 살았던 것이다. 두렵고 겁나고 죽고 싶은 심정이 날마다 들 정도로 지쳐 있었다. 나는 환경을 벗어나고 싶었다.

길고 긴 터널을 벗어나고 싶었다. 그러던 어느 날 퇴근하는 길에 유튜브를 통해서 임은미 선교사님의 예쁘고 확신에 찬 말씀을 들었다. 잠을 자는 것이 두려워 설교 말씀과 찬양을 틀어놓고 잠을 자기도 했다. 김미진 간사님의 왕의 재정을 접하게 되면서 돈의 흐름과 돈 관리를 어떻게 해야 하는지, 그래서 가정의 재정을 바로 세우는 것을 알게 되었다. 유튜브 시청자는 자꾸 발전하는가 보다. 어느 날 유기성 목사님의 설교를 들었다. 예수님의 신실하심과 예수님의 사랑. 예수님께 전적으로 맡기지 못한 나의 신앙의 문제를 점검하고 바꿔보고 기도하러 다니게 되었다. 너무 좋았다. 기도하는 동안은 나의 모든 어려움을 잊어버리고 하나님과 대화하는 멋진 시간이었다. 우리 교회 밤 9시 기도를 통해 나는 은혜로 마음의 평화를 얻었다. 그렇지만 나의 경제적 상황은 나아지지 않았고 오히려 더 주저앉고 있었다. 재정적인 압박은 나를 더 힘들게 하고 나의 조급함을 드러나게 했다.

자기계발 책도 많이 읽었다. 하나님의 법칙도 우주의 법칙도 알게 되었다. 모든 것은 나의 선택에 있었다. 인생의 행복과 살아 있는 기쁨을 느낄 수 있는 모든 것은 이 땅에 살고 있는 내가 라디오 주파수처럼 나의 생각을 긍정에 맞추고 사랑의 말과 축복의 삶을 듣고 생각하고 선택하면 되는 것이었다. 간단한 인생의 원리와 생각의 원리를 알게 되었다.

어떤 경우에서도 생각은 나를 멋대로 끌고 가고 있었다. 그래서 생각대로 살지 않으면 사는 대로 생각한다는 말이 있다. 그 말은 진리였다. 나는 차츰 영혼이 조금씩 회복되고 또한 긍정의 생각의 중요성을 알게 되었다. 날마다 마음과 생각에서 부정을 몰아내고 그 자리에 긍정의 말과 생각으로 채워가던 중 〈김도사TV〉를 통해 확신의 힘을 알게 되었다. 긍정의 삶을 알게 되어 긍정적으로 조금씩 바뀌도록 나를 만들어갔다. 스스로 먼저 많이 사랑하고 하나님의 존귀한 자임을 깨닫게 되었다.

'외모는 정상, 마음은 장애인'이라는 이 말이 오랫동안 내 마음에서 떠나지 않았고, 나를 지배하며 살고 있었다. 드디어 나는 외모도 정상, 마음도 정상, 아니 마음이 더 잘난 하나님의 자녀라는 것을 알게 되었다.

진심으로 살아갈 맛이 난다. 오랜 세월 스스로 가졌던 불행의 말 한마디가 나를 붙잡고 있었다. 이제는 세상에 외치고 나아간다. 나는 세상에서 가장 아름답고 존귀한 자로 하나님의 사랑 안에서 사는 가장 행복한 여자이다. 세상에서 사랑받고 살아가는 것은 당연한 나의 권리이다. 내가 글을 쓰는 이유가 여기에 있다. 이 말을 하고 싶은 것이다. '나는 모두 정상이야. 마음과 영혼이, 육신이 건강하고 행복한 사람이야.' 혹시 자기를 부정에 가두고 사는 나 같은 사람이 있으면 그 생각의 주파수를 하나님께 맞춰보자. 그러면 하나님의 큰 사랑, 우리를 위해 십자가를 지신 예수님의 사랑이 가슴 깊이 느껴질 것이다. 1분만 나에게 말해보자. "나는 예수님의 사랑으로 이 땅에서 가장 행복하게 살아갈 능력이 있다. 감사합니다. 내 삶은 풍요로 가득하다."

5

맏딸은 스스로 선택한 게 아니지만

'큰딸은 살림 밑천'이라는 말이 있다. 우리 사회에서 맏딸을 대하는 마음과 태도가 그대로 드러난 말이라고 생각한다. 우리나라의 맏딸들은 모두 살림 밑천으로 사용되었다. 나도 살림 밑천으로 살았다. 부모님의 7남매 자녀들 중 제일 맏이인 나는 언제나 모범생이고, 언제나 엄마를 대신하는 자리에 있었다. 엄마가 외갓집에 가시면 나는 동생을 등에 업고 엄마의 뒤를 따르는 거였다. 엄마가 짐을 이고 지고 외할머니 댁에 가신다. 외할아버지 제사에 참석하기 위해 가시는 중이다. 십리 길을 걸어서 간다. 초등학교 3학년인 나는 엄마 뒤를 졸졸 따른다. 아이가 나에게 버겁지만 동생을 업는 것은 그리 힘들지 않다. 엄마 짐이 무거워 보인다. 손에는 술병을 들고 머리에는 떡을 이고 먼 길을 가신다. 엄마의 위대함,

엄마의 대단함을 느끼며 따라간다.

내 밑으로 여동생 4명 남동생 2명, 모두 7남매다. 딸만 낳은 엄마가 너무 안쓰럽다. 어떻게 하면 엄마가 아들을 낳아서 할아버지 할머니로부터 대접을 받을까 생각하고 아파한다. 울 엄마는 강하고 일도 잘한다. 언제나 부엌, 논과 밭에서 멀티플레이어처럼 일을 한다. 여름에는 길쌈에 삼베를 만들고, 겨울에는 가마니를 짜고, 늦봄이나 초가을에는 누에를 연2번씩 치고 언제나 바빴다. 하루도 가만히 앉아서 쉬는 모습을 뵌 적이 없다. 지금도 여전하시다.

84세인 엄마는 평생 일하고 사셨으니 손이 고왔던 적이 없었고, 언제나 손톱밑이 까맣고 일에 묻혀 살았다. 나는 일만 하는 엄마는 싫었다. 다른 엄마들처럼 조금씩만 하시면 안 되는 걸까? 매일 작은 아이들의 일손이라도 빌려보려고 닦달하고 소리 지르며 논과 밭으로 끌고 다니시는데 우리에게 일하라고 강요하는 엄마가 싫고 미웠다. 어릴 적 한번은 엄마가 마당에서 돌부리에 넘어져 팔이 부러졌다. 그때 엄마가 많이 우셨다. 아프다고 우시는 엄마의 모습이 신기해서 가만히 쳐다보면서 어리둥절해했다. 얼마나 아프면 저 강한 엄마가 우실까 생각했다. 그 잠깐 사이 멍하게 있던 내게 엄마가 빨리 뼈를 맞추는 아저씨를 불러 오라고 해서 불러 모셔와 뼈를 맞추었다. 엄마는 아픈 팔을 부여잡고 우셨다. 내가 처음으로 보는 엄마의 약한 모습에 약간 충격을 받았다.

앨범 속 한 장면처럼 떠오르는 과거 속의 엄마가 있다. 나는 엄마의 마음을 조금 더 공감했던 거 같다. 내가 5학년 올라갈 무렵 엄마가 아이를 낳는다고 엄마 방으로 들어갔다. 엄마가 아이를 가지면서 그때까지 줄줄이 딸을 낳으셨다. 딸 5명, 저절로 5녀가 되었다. 나는 아이를 가진 엄마의 모습을 보면서 마음이 아파서 날마다 새벽에 마루 끝에 앉아서 동생이 태어나면 아들이기를 간절히 기도했다. 그렇게 기도하던 나에게 드디어 남동생이 태어나는 날, 엄마는 많이 우셨다. 생각보다 아이가 잘 나오지 않는다고 얼른 아빠 불러오라고 말씀하신다. 엄마의 말에 일꾼 아저씨가 아빠를 모셔왔다. 아이를 쉽게 낳을 수 있는 약을 지어가지고 와서 약을 드시고 몇 시간 후에 귀한 남동생이 태어났다. 예쁘고 사랑스럽고 기도해서 낳은 동생이라서 세상에서 나 혼자 남동생 가진 것처럼 행복한 나날을 보냈다. 내가 엄마 대신 그 남동생을 초등학교 5학년 때까지 목욕도 시키고 키웠다. 너무 행복했다. 그런데 남동생이 5학년이던 때 동생은 이제 누나한테 목욕을 받지 않겠다고 선언했다. '아, 우리 남동생도 드디어 많이 컸구나.' 하는 생각이 들어 뿌듯했다.

맏딸인 나는 모든 것을 엄마를 대신해서 했다. 아버지의 옷을 다리고 빨래하고 아버지 방을 정리했다. 지금도 엄마는 누가 시켰으면 안 했을 거라 말씀하신다. 그런데 그때의 나는 내가 다 해야 할 줄 알고 열심히 했다. 중학교 다닐 때 아버지는 오토바이를 타고 면사무소에 다니셨다. 아버지의 오토바이를 광나게 닦아드리는 게 나의 일이었다. 아버지의 양복을 다려드리는 것도 나의 일이었다. 아버지로부터 인정받고 사랑받고 싶은 마음이었던 거 같다. 아마 맏딸인 나는 아버지의 자랑이고 싶었을 것이다. 국민학교 다니는 큰딸의 성적은 늘 우수했으며, 아버지의 기대감을 저버리지 않고 자랐다. 그런 연유로 해서 초등학교 5학년 어느 날 아버지 오토바이 뒤에 타고 집에 오는데 아버지는 말씀하신다. "우리 딸은 공주사대 가라"고. 공주사대가 뭔지도 모르면서 좋다고 대답하고 나는 공주사대생이 된 것처럼 좋아했다. 잘난 척 엄청 뿌듯한 마음으로 아버지의 기쁨이 되고 싶었다. 자부심이 엄청 강한 마음으로 성장했다.

초등학교 페이지 한 장을 장식했던 졸업식 날, 나에게 교육감상을 주시겠다는 담임 선생님 말씀에 옷을 어떤 것을 입고 가야 할지 고민을 많이 했다. 드디어 여자 같은 마음이 들었던 거 같다. 나는 내가 최고 좋아하는 옷을 입고 졸업식에 참석했다. 아마 우리 가족은 아무도 오지 않은 걸로 안다. 그때 나는 그야말로 천둥벌거숭이처럼 부끄러움이 많은 작은 아이였다. 늘 나를 부끄럽게 생각했다. 낯선 사람들, 낯선 환경이 언제나 부끄러웠다. 그리고 내가 상을 받는 것을 스스로 인정하지 못했던 같다. 지금까지 국민학교 역사 이래 25회까지 졸업하면서 여학생이 받은 적은 없었다는 말씀을 하시는 우리 담임 선생님 말씀에 '아, 내가 받으면 안 되는 것을 받는가 보구나.' 하고 스스로 자랑스럽게 여겨지지 않았다. 그냥 많이 부끄럽고 미안했다. 나는 언제나 현재를 잘 즐기지 못하는 약간 내숭쟁이에 늦게 깨달음을 얻는 대기만성이었을까? 초등학교 졸업을 생각하면 부끄러움과 수치심을 가득 안고 졸업했던 기억이 크다.

만딸로서 나의 살아온 경력이 빛을 발하는 진짜 시기는 고등학교 졸업하고 동생들과 자취하는 순간이 아니었나 생각한다. 1980년 광주항쟁이 있던 해, 나는 상고를 졸업했다. 부모님의 살림 밑천이 되어 직장을 다니게 되었다. 직장을 다니면서 동생들이 줄줄이 광주 도시에 올라오니 나는 동생들을 돌보는 엄마가 되었다. 혼자 광주에 올라왔을 때는 이모 집에서 하숙을 했다. 그런데 졸업하고 직장을 구했으니 자취를 하면서 살아야 한다는 아버지의 말씀에 집을 구했다. 자취하는 집에 아버지는 시골에서 아버지의 친인척 되시는 분들 중에서 나에게 오는 식구를 한 해한 명씩 늘려주고 계셨다.

외갓집 외사촌 동생들, 고종사촌, 삼촌, 나의 진짜 동생들, 내 친구 모두 합하여 8식구의 가장이 되어 살림을 하는데 여름에는 지쳐서 쓰러지는 일도 있었다. 어느 날 자꾸 구토가 심해지고 헛구역질이 생기고 나는 너무 지쳐갔다. 지친 여름휴가 때 고향집 보성에 엄마를 찾아 시골집으로 갔다. 고향집이 산으로 둘러쌓여 있는 첩첩산중, 강원도 산과 견주어도 손색이 없는 산골에 있다. 내가 자란 보성집에서 내리 이틀을 자고 일어나면 모든 피로가 풀리고 뭐라도 먹고 싶은 마음이 생겼다. 그리고 그제야 다시 살아갈 용기가 생기던 시절이었다.

맏딸은 스스로 선택한 게 아니지만 늘 엄마의 모습을 보면서 엄마처럼 알아서 해야 하는 일들이 많았다. 엄마의 마음을 대변한다고 엄마가 못 하는 얘기를 할머니와 부딪히며 말했던 적도 있었다. 엄마를 대신한 나의 참견으로 삼촌들과 부딪히기도 했다. 엄마 마음을 내가 알기에 나는 많이 아파하고 컸다. 우리 엄마는 그런 나의 마음을 알까? 언제든 한 번쯤 이런 얘기를 해야지 하면서도 얘기할 기회 없이 살았다. 내 나이 아버지가 돌아가시던 나이보다 훨씬 더 먹은 나이가 되어보니 큰딸 역할을 잘한다고 했지만 잘한 게 별로 없는 거 같다. 맏딸이 아니었으면 하는 마음이 부딪히고 따지면서 너무나 많이 들었다. 그 시절은 지나갔다. 이제는 맏딸이라도 좋고 막내라도 좋다.

언제부터는 큰딸 노릇하는 게 부담스럽고 싫었다. 아마 나의 결혼 환경 탓이겠지만 그래서 점차 큰딸과는 멀어진 삶을 살고자 애썼다. 애써 외면하고 애써 모른 척하고 살다 보니 외면하든 안 하든 사는 것은 비슷한 것 같고, 오히려 더 잘하고 살 걸 하는 마음이 든다. 지금은 맏딸이 아니었으면 어찌 엄마를 이해하고, 그 많은 일들을 엄마를 도와서 했을까 하는 생각이 든다. 맏딸이 아니기를 바랐던 기억은 자취 생활 할 때와 엄마를 대변하던 그때를 제외하고는 별로 없었던 거 같다. 지금은 동생들이 모두 큰언니라고 세워주며 대접해준다. 나는 나의 위치가 좋다. 모든 것은 지난 후에 제대로 알게 된다는 말이 맞는가 보다. 제대로 가치 있는 맏딸의 삶이 지금은 좋다. 모든 게 좋다. 모든 일에 감사하다. 나와 같이 살림 밑천이 되었던 모든 맏딸에게 박수와 사랑을 전하고 싶다. 맏딸은 부모의 첫사랑이었다. 부모의 첫사랑을 니들이 알아?

6

작은 키는 나의 잘못이 아니다

작은 키는 나의 잘못이 아니다. 진짜 나의 잘못이 아닌 것일까? 어릴 때부터 나는 먹는 것이 까다로웠다. 당근 냄새가 싫어서 당근도 먹지 못하고, 고기는 고기 냄새가 나서 싫고, 모든 음식에서 특별한 냄새가 코로 들어오면 음식을 먹지 못하는 거부감이 컸다.

엄마가 만들어주신 음식 중에서 가장 맛있는 것은 된장국과 김치였다. 오로지 된장국과 김치가 유일한 나의 반찬이었다. 고기도 싫고 채소 위주의 음식으로 먹고 살았다. 그래서 키가 크지 않았을까? 같은 엄마 밑에서 자란 동생들은 키가 준수한데 난 왜 유독 작을까? 나의 키는 145센티이다. 중학교 1학년 때 키 그대로 가지고 있다. 키를 키우려는 노력은 하지 않고 마냥 신나서 놀기 좋아하고 철없이 살았던 어린 시절이었다.

우리 집에는 증조할머니가 계셨는데 할머니의 키가 작으셨다. 돌아가시기 전까지 집안의 어른으로서 위세는 대단했다. 언제나 에너지가 넘치셨다. 증조할머니는 증손자를 기다리셨다. 엄마와 작은엄마 두 분 다 임신하셨는데 작은엄마는 아들을 낳으시고, 엄마는 네 번째 딸을 낳으셨을 때의 일화다. 할머니는 증손자 보시겠다고 매일 작은 집을 가셨는데 작은 집 가실 때마다 빈손으로 작은 집을 가시는 법이 없으셨다. 항상 손에 무언가를 들고 작은 집을 가셨는데 증조할머니 나름의 사랑의 표현이었지만, 같은 시기에 네 번째 딸을 낳으신 엄마는 큰집의 큰며느리로서 자존심은 많이 상하셨을 것이다. 난 엄마의 마음을 유독 많이 살피고 느꼈다. 엄마는 표현하지 않으셨지만 그 마음이 고스란히 전해져 왔다. 그래서 증조할머니가 미웠다. 우리 집의 대단한 위세의 할머니를 보면서 작은 키라는 생각을 하지 않았다. 그런데 자라면서 점점 작은 키가 증조할머니 닮았다는 얘기를 가족이나 동네 사람들로부터 많이 들었다.

작은 키라도 힘든 건 없었다. 어릴 때는 모든 것을 내 중심으로 살았다. 내 세상에서는 한 번도 나의 외모가 부족하다는 생각 없이 살았다. 중학교를 벗어나 도시에서 학교를 다니는 시절부터 비교를 당하고 비교를 하고, 스스로 작은 외모로 인해 마음 아파하며 살았다. 외모를 선택할 수 있었다면 큰 키를 선택했을 텐데 선택할 수 없는 외모는 언제나 나의 큰 단점으로 나를 기죽게 하고, 나의 자존심과 자존감에 부정적인 영향을 미쳤다.

나의 외모는 나의 잘못이 아니다. 오로지 유전자의 영향이다. 그렇다면 내가 선택한 유일한 내 생각과 내 안의 비교 심리는 어디서 왔을까? 그것은 바로 내 귀에 들렸던 말들이다.

"쟤는 왜 저렇게 작은 거야?"
"쟤는 시집이나 가겠어?"
"쟤는 하늘 높은 줄 모르나 봐."
"쟤는 땅 넓은 줄만 아나 봐."

무심코 던진 돌에 맞아 개구리는 죽는다고 내 영혼에 작은 돌을 던질 때마다 나는 영향을 받고 스스로 쓸모없는 사람으로 생각하고 살았다.

나는 단지 키만 작을 뿐인데 왜 다른 나의 가능성의 영역에는 관심이 없었을까? 언제나 내 키만 보고 살던 거였다. 언제나 문제에 초점을 맞추고 살던 삶이었기에 발전과 변화가 없고, 마음만 더 상처투성이가 되어가고 있었다.

그래도 나이는 챙겨 먹었다. 친구들이 한두 명 시집을 간다. 시집이나 가겠냐고 했던 그 사람들의 말에 당신의 생각이 틀렸다고 말해주고 싶을 만큼 기쁘게 나는 시집을 갔다. 주변에서 긍정으로 들었던 말은 기억에 없다. 세상에 얼마나 그 작은 키에 중심을 두고 살았으면…. 작은 키의 문제는 해결할 수도 없는 것이고, 그냥 편하게 살았으면 좋았을 텐데 작은 키로 온갖 부정을 다 가지고 와서 나를 힘들게 하고 살았다.

친구 중 A는 숨길 수 있는 콤플렉스가 있었다. 몸에 빨간 점이 있었지만 그리 영향을 받지 않고 사는 모습이 부러웠다. 세상에서 가장 복 많이 받은 사람처럼 여겨졌다. 보이지 않으니 얼마나 좋아. 나는 모든 사람이 볼 수밖에 없는 작은 키를 어떻게 숨겨? 한때는 높은 신발로 외모를 키워보겠다고 10cm 가까운 신발을 가게에서 맞춰 신고 약간의 뿌듯함, 약간의 높아진 나의 위상을 스스로 자랑스러워했다.

그런데 그건 일시적이다. 많이 피곤해서 오랫동안 신을 수 없고, 자연히 자란 키가 아니라서 유지하는 데 얼마나 에너지가 들어가는지 모른다. 실제로 자존심을 높이고 싶은 자리가 아니면 신고 다니질 않았다. 지금도 신발장에 나의 키와 자존심을 높여주는 신발이 있다.

외모가 남다르게 태어난 사람들의 성공 스토리는 그들의 것이었고, 나는 나의 모든 아픔과 슬픔과 고통을 작은 키에 갖다 붙이고 살았다. 결혼도 내 키가 작지 않았더라면 굳이 하지 않았을 거라는 생각을 했다. 굳이 지금의 남편을 만나지 않았을 거라는 생각, 이렇게 살지 않고 빌딩을 짓고 아름다운 삶을 우아하게 살았을 거란 생각, 셀 수도 없는 부정적인 생각을 나의 작은 키에 붙이고 살았다. 마음 한쪽에서는 언제나 억울하고 분하고 세상을 향한 나의 잣대를 가지고 총성 없는 전쟁을 하며 살아가고 있었다.

결혼을 하면서 교회 생활을 열심히 했다. 직장을 다니다가 쉬는 기간에 하나님을 아는 것이 얼마나 좋았는지, 구역 식구들과 기쁘게 교제를 했다. 그때 처음으로 구역 식구들의 사랑, 또 평범한 삶의 기쁨, 하나님의 사랑이 좋은 것을 알았다. 새벽기도와 교회 식구들의 사랑을 통해서 점점 나는 나와의 전쟁에서 벗어나고 있었다.

아이를 낳아 키우면서 나는 성장하고 있었다. 나는 내 딸의 인생에 밑거름이 되고 싶었다. 기도하며 최선을 다해 열심히 아이에게 숫자 하나, 글자 하나 더 가르쳐주는 것이 엄마의 일인 것처럼 생각했다. 날마다 아이와 놀이하듯 공부를 하면서 아이의 성장에 도움을 줬다고 생각했다. 눈치 빠른 딸은 잘 성장했다. 나는 엄마로서 불편하고 학부모와 어울리는 자리는 많이 피했던 거 같다. 단지 집에서만 최선을 다했다고 생각한다. 여전히 외모에 대한 불편한 진실을 그대로 간직한 채 아이를 낳고 키우면서 제대로 학부모의 역할은 못 했다. 용기가 없었다. 나는 여전히 작은 키의 사람이었다. 이제 와서 생각하니 학부모 모임에 잘 가지 않았던 것을 알게 되었다.

기도하고 많이 성장했다고 했지만 내 마음 밑바닥에는 아직도 나를 나답게 인정하지 못해서 교묘하게 나를 숨기고 나를 드러내지 않고 조심스럽게 살고 있었다. 나를 힘들게 하는 사람은 아무도 없고, 딸을 키우면서 기쁘고 행복한 학부모의 역할을 잘할 수 있는데도 누군가 수군거릴 수 있다는 두려움이 있었다. 진짜 스승을 만나고 참은인을 만난다는 것이 얼마나 어려운 일인가? 늘 어렵게 가는 나의 인생을 스스로 만들었다는 사실을 이제야 의식 공부를 하고 나서 알게 되었다. 이제야 제대로 된 인생을 살아보겠다고 다짐하면서 많이 반성하고 많이 아프다.

세상에 쉬운 길이 있는데 늘 그 쉬운 길은 보이지 않고 자기 문제만 보고 끝없는 방황의 길에 있었다니 너무 아쉽다. 작은 키면 어때? 너는 특별하게 살기로 선택해서 작은 키를 가졌는데 작은 키라고 해서 영혼이 없는 것도 아니고. 하나님의 위대하심을 진즉 알았다면 이렇게 방황하지 않고 행복한 삶을 살았을 텐데. 이렇게 내가 이 세상 지구에 온 이유는 내 영혼이 풍부하고 다양한 경험을 하며 놀이하듯 소풍하듯 살다 가는 것인데 아등바등하며 변하지 않은 키만 탓하며, 외모만이 진짜 나인 것처럼 여기고 살았다.

내 안에 존재하신 하나님을 만나보려 하지 않은 것이 가장 큰 문제였다. '작은 키는 내 잘못이 아니다'가 아니라 '진짜 내 잘못'이었다. 잘못한 것은 반성을 하고 변해야 한다. 작은 키는 내 잘못이다. 마음만은 백두산의 천지인 거 알아줬으면 한다. 작은 키로 사는 동안 얻은 것은 백두산의 천지만큼 신비롭고 큰 마음 그릇이다. 그 마음에 담긴 천지의 물을 나눠드리고 싶다. 나를 한번 보러 오세요.

7

작은 키, 차라리 아픈 게 나아요

"작은 키로 평생 살래? 잠깐 아프고 말래?" 그러면 여러분은 어떤 것을 선택할 것인가? 아마 후자일 것이다. 내 마음이 그렇다. 차라리 잠깐 아프고 말았으면 좋은 조건이겠지만 평생을 작은 키로 작은 자존심으로 작은 마음으로 산다는 것이 죽고 싶을 때가 많았다. 사람은 죽어도 그리 불쌍하지 않은데 스스로 죽는 것에 대한 힘든 마음으로 지금까지 산 것 같다.

나는 지금 환갑의 나이다. 참 오랫동안 투덜이 생활을 했다. 매번 한 건 아니지만 2~3년 주기로 거의 1년씩 투덜이 생활을 했다. 남편의 직업, 남편의 생활 패턴에 따라 바보처럼 살아왔다.

23살 여름, 직장에 다닐 때였다. 고등학교 친구의 전화를 받고 퇴근 후에 저녁을 같이 먹기로 하고 시내로 나갔다. 나의 직장은 변두리에 있었다. 친구랑 만나서 저녁을 먹고 버스를 타고 집으로 오는 길에 버스에서 내렸다. 버스 정류장에서 8차선을 통과하는 도로 육교를 통해서 집으로 가야 했다. 육교를 건너는 것이 너무 싫었다. 평상시 하던 대로 나는 육교를 건너지 않고 무단횡단을 했다. 도로 중간에 있는 화단까지만 달렸다가 또 통과하면 육교를 건너지 않고 집으로 간다.

그날도 예전처럼 그렇게 가고 있었다. 도로에 차량들이 없는 틈을 타 달렸다. 멀리 보이는 불빛을 보면서 내가 먼저 통과할 것이라 생각하고 씽씽 달렸다. 달리는 중에 도로에서 택시와 정면으로 부딪혔다. 멀리 날아오르고 있었다. '아, 이게 죽음이구나.' 실감하고 정신을 잃었다. 실신을 하고 다시 정신이 돌아와 눈을 떠보니 나의 몰골이 피투성이다. 달리던 택시가 나를 태우고 시내로 향하고 있는 도중에 정신이 돌아왔다.

택시 기사님께 살려달라고 울면서 말했다. 날 버리지 말고 살려달라고 계속 빌었다. 미안하다고 육교를 두고 무단횡단을 해서 미안하다고 사정을 했다. 피투성이 나의 몰골이 많이 무서워서 나를 버리는 줄 알고 계속해서 빌었다. 살려달라고 기사님께 빌었다. 기사님은 지금 병원에 가는 중이니까 걱정하지 말라고 하신다. 온통 피투성이가 된 나는 시내의 어느 신경외과 병원에 입원했다. 나는 영웅이라도 된 것처럼 집에는 알리지 말아달라고 부탁했다. 원장님과 병원 측이 전화번호 아는 사람 있으면 알려달라고 해서 가장 친한 친구의 전화번호를 주었다. 병원으로 달려온 친구가 나를 보고 운다. 오로지 퉁퉁 부은 상처투성이 얼굴과 도로에 구른 관계로 다리, 팔, 손, 얼굴까지 타박상 투성이가 되었다고 했다. 그때의 몰골을 생각하면 차라리 아픈게 낫다는 말은 절대 아닌 거 같다.

병원에 입원하고 이틀 만에 부모님과 동생들, 가족이 다 왔다. 우리 남동생은 간섭하는 큰누나가 밉다고 교통사고로 죽었으면 했다고 엄마가 말씀하신다. 우리 남동생의 소원이 이루어질 뻔했다. 엄마는 내가 좋아하는 바지락국을 끓여 오시고 잘 먹어야 한다고 뼈 국물도 가지고 오셨다. 먹지 않던 국물을 아프니 억지로 먹어야 했다. 그런데 맛있었다. 엄마의 마음이라서 맛있던 거 같다. 그 진심 어린 가족의 사랑에 날마다 행복했다. 이렇게 아파보지 않았다면 가족의 소중함을 몰랐을 거 같다. 진심으로 가족과 친구들에게 감사했다.

나는 소설 속의 주인공처럼 친구들에게 다 알렸다. 하루하루 친구들의 병문안이 줄을 이었다. 그때는 진짜 소설 속의 주인공인 거 같은 마음이 들었다. 친구들의 위로와 맛있는 간식, 생전 처음 해보는 병원 생활이 어찌나 즐겁던지 매일 신났다. 동생들과 나를 아는 친구들의 사랑에 날마다·회복되어가던 때 타박상을 입은 얼굴과 팔 다리에 차츰 새로운 살이 빨갛게 돋아 나오고, 상처들은 점점 까맣게 벗겨졌다.

나는 차츰 회복되어가고 정상으로 돌아오고 있었다. 어디 뼈 하나 부러진 것 없이 오로지 타박상으로 가볍게 상처를 입었다는 병원 원장님과 아버지의 말씀, 천만다행으로 머리를 다친 게 아니어서 천운이었다고 원장님이 아버지께 말씀하셨다.

지금도 생각하면 정말 소꿉놀이 하듯 병원 생활을 했다. 작은 냄비 가져다 놓고 병원에서 나오는 밥은 내가 먹고, 간호하는 동생은 빨간 호일곤로에 냄비밥을 해서 밥 냄새 고소하게 맡으며 같이 먹었다. 병원 앞 시장에서 장을 봐서 반찬을 해 먹었던 나의 병원 생활은 2주로 끝나고 퇴원을 했다. 나와 부딪쳐 한동안 일하기가 힘들었을 그분께 이제나마 진심으로 사과드린다. 그 후로는 육교를 잘 건너는 사람으로 살았다.

진정 하나님은 왜 나를 살려주셨을까? 그 사실이 진심으로 감사하고 신기해서 늘 가슴에 생각하고 잘 살아야지 했다. 몇 년 동안 진짜 열심히 교회도 잘 다니고 감사하며 살았다. 죽음의 문턱에서 살아난 나는 모든 게 새롭고 소중해 보였다. 그런데 그 소중하고 아름다운 마음은 그리 오래 가지 않았다. 뭔가 이런 기회를 통해 살아났으니까 기적이 있을 줄 알았다. 예를 들면 진짜 원하는 배우자가 나타나서 결혼하자고 하든가 하는 그런 꿈을 꾸었다. 그 기대가 이루어지지 않으니까 또 일상의 삶으로 돌아가서 우울하고 많은 부정적인 조건과 아픔에 젖어 살게 되었다.

참 어렵게 살아나서도 감사하지 못하고 어느새 옛날처럼 방황하며 살았다. 나는 왜 이리 미련하게 살았을까? 그때 나를 살려주셨던 감동은 다 잊어버리고, 모자라다고 내 뜻대로 안 된다고 많이도 원망하며 살았다. 아니 살아내고 있었다는 말이 맞다.

날마다 변화 없는 삶이 계속되는 가운데 회사에서 회식을 하면 한 번도 고기를 쳐다보지 않던 내가 교통사고 이후 진심으로 고기가 맛있다는 것을 알게 되었다. 교통사고 후유증으로 힘들까 봐 엄마는 고기를 볶아서 집에서 꼭 먹어야 한다고 보내주셨다. 집에서 먹는 고기가 먹히는 것이다. 코에서 받아주어서 먹었다. 맛있다. 늦게 배운 도둑이 날 새는 줄 모른다고 했는데 나는 진짜 고기 맛을 알게 되었다. 교통사고 이후 나는 식성이 많이 바뀌었다.

이제는 식성이 잡식으로 바뀌었다. 뭐든지 맛있다. 없어서 못 먹는다. 작은 키를 만드느라 어릴 적 그리도 식성이 까다로웠던 것일까? 나의 인생을 돌아볼 수 있는 기회를 만들어준 '한책협'의 김도사님과 권마담님께 감사한 마음을 공손하게 전하고 싶다. 세상에 책을 쓰고 독자에서 작가로 위치를 바꾸는 일이 쉬운가? 평생 독자로 남을 줄 알았는데 드디어 내가 작가가 되어 내 삶의 주인공으로 나를 위한 대본을 다시 쓰는 기분이다. 아니 실제로 대본을 다시 쓰고 있다. 앞으로 나는 나를 맘껏 사랑해주고 안아주고 축복해주는 삶을 살 것이다. 나는 나를 맘껏 응원한다.

나는 하나님의 걸작품이다. 하나님이 내 안에 계신다. 나를 성전 삼고 내 안에 영혼으로 존재하신 하나님의 진실한 사랑을 느낀다. 나는 영원한 하나님 나라의 일부이다. 하나님과 하나 된 삶을 살아갈 수 있어서 자신감과 자존감이 살아나고 있다.

나이를 먹는다는 것이 결코 나쁜 것만은 아니다. 누구라도 그 나이를 살지 않으면 이해할 수 없는 것들이 있는데 지금 내가 그렇다. 나는 회갑의 나이라서 회갑의 나이만큼 이해한다. 나이가 더 들어 80세가 되면 더 나의 모습을 이해하고 성숙한 영혼으로 살고 있겠지. 세상 모든 이가 그 나이만큼 인생을 참고 잘 살아왔다고 생각한다. 나도 얼마나 참고 얼마나 아파했는가? 얼마나 죽고 싶을 때가 많았는가? 자신을 데리고 지금까지 잘 살아낸 나를 칭찬한다.

작은 키보다 아픈 게 낫다고? 아니다. 그냥 작은 키로 살고 있어서 감사하다. 키가 작아서 실제 나이보다 나를 더 젊게 본다. 내 나이로 보는 사람이 없다. 지금도 뒤에서는 고등학생처럼 보인다 하니까. 나 자신을 제대로 알고 느끼고 살고 있는 나를 응원하고 사랑한다. 오늘도 잘 살아 보자. 소풍을 즐기자. 파이팅!

2 장

상처만 주는 가짜 자존감,
마음을 치유하는 진짜 자존감

$$\boxed{1}$$

진짜 나에게 다가가는 감정 여행

명언 가운데 삶은 머리에서 가슴으로의 여행이라고 하는 말이 있다. 평생 이런 경험 없이 살다가 깨닫지도 못하고 현실에 안주하며 죽는 사람이 많다고 생각한다. 나 또한 그런 사람 중 한 사람으로 지금까지 살아왔다. 그래도 가끔은 책을 통해 조금씩 가슴으로 가고 있었다는 생각이 든다. 뭔가 마음이 공허하면 책을 사서 주인공의 성공과 그 이야기를 읽으며 조금씩 따라 해봤다.

어떤 저자가 한자 공부를 해서 성공했다고 해서 한동안 한자 공부에 열심을 내고, 어떤 저자가 새벽을 깨우고 새벽을 통해서 자신의 성공 스토리를 만들었다는 책을 읽으면 새벽에 일어나서 새벽을 남다르게 맞이

하겠다고 부산도 떨어보았다.

나만의 삶의 방법을 찾아보는 계기가 되지 않았을까 하는 생각도 든다. 나름대로 열심히 했다. 많은 저자의 방법을 따라 했다. 100일간의 소원 쓰기를 할 때는 여행 가는 동안에도 가지고 가서 열심히 쓰고 생각했다. 스스로 뭔가 아깝다는 생각을 많이 했다. 이런 기회를 맞이하려고 했을까? 남들처럼 성공하고 싶었고, 남들처럼 나도 세상에 살아 있다고 알리고 싶었다. 그런데 방법을 몰랐고, 또 나름대로 열심히 살다 보면 좋은 길이 있지 않을까 생각했는데 그게 바로 '한책협'이었다.

누구라도 키보드를 두드리거나 책을 읽을 줄 알면 세계 최강 도사님의 노하우와 코칭으로 작가가 되어 세상에 나가는 멋진 꿈을 이루는 나비가 되어 살 수 있다는 것을 알게 되었다. 지금도 책을 쓰는 과정에서 나를 돌아보며 많이 성장했고, 이 나이가 되도록 방황하고 지냈던 나의 인생을 후회하고 아쉬워하고 있다. 진짜 복은 좋은 멘토와 스승을 만나서 방황하지 않고 이 땅에 태어난 소명을 빠르게 깨닫고, 소풍 나온 마음으로 신나게 살면 되는 것이었다. 그런데 나는 너무 헤매다가 이 늦은 나이에 빛을 발해보겠다고, 내 안의 빛을 만나보고 싶다고 열심히 키보드를 두드리며 내 생각과 마음을 여행하는 중이다. 진짜 나에게 다가가는 감정 여행을 하고 있는 중이다.

감정이란 희로애락을 다 담고 표현하는 것인데 결혼한 주부가 감정을 언제쯤 제대로 표현했을까? 특히 나는 남편이랑 감정을 제대로 교환하지 못했던 일이 많았다. 말을 해서 서로 쿵짝이 맞고 추임새 넣어주고 어떤 얘기도 들어주는 마음이 큰 사람이었으면 많은 감정을 표출하고 살았겠지만 남편의 무심한 대답, 통하지 않는 말투, 갑자기 튀어 나오는 험한 감정에 무서움과 두려움으로 접어야 했다. 가슴 깊이 담긴 말을 혼자서 나누고 달래고, 주방의 싱크대의 물소리와 샤워실의 물소리에 전하며 살았다.

결혼을 할 때는 '행복한 가정을 만들어야지, 신사임당처럼 훌륭한 아내가 되어야지. 내 아들은 이율곡처럼 멋진 한국의 동량으로 쓰임 받는 아이로 만들어야지.' 하는 원대한 꿈이 있었다. 꿈은 꿈으로 끝나고 삶의 처참한 모습은 아름다움과 거리가 멀어지고 있었다. 나의 꿈을 빼앗긴 줄 모르고 방황하며 갖은 불평불만으로 남편을 심히도 몰아붙이고 많이 미워하며 살아온 결혼 생활이 어느새 35년이다. 35년의 세월을 헛되게 쓰고 살았다는 생각을 지울 수가 없었다. 내가 나한테 미안하고 같이 산 가족에게 미안하고 더 솔직하게 사랑하며 살았다면 이처럼 힘들게 버틴다는 마음으로 살지는 않았을 것 같다.

오늘 아침 남편의 얼굴을 보니 시아버지 처음 뵐 때의 모습이 있다. 시

아버지처럼 얼굴에 주름이 깊어지고 삶의 힘든 부분만 도드라지게 남아 있는 남편의 얼굴이다. 부부의 얼굴은 서로의 책임이라고 했던 말이 생각난다. '남편의 얼굴은 아내의 책임'이라는 그 말에 나는 무거운 마음이 들었다. 지금도 여전히 마음이 무겁다. 진짜 내 책임일까? 난 남편을 통해 성장하고 성장했다. 또 변하고 변하며 지금까지 살아왔다. 나는 나를 위로하고 때로는 방황도 하고 살았다. 방황했던 길을 접고 나를 찾고 나를 살리고 나를 사랑하며 지금까지 버티고 살았다. 나와 같이 사느라 힘들었을 남편도 얼굴을 보면 알 수 있다. 남편도 많이 갈등하고 많이 방황하고 살았을 것이다. 짐작하고 남는다. '부부의 속은 부부만이 안다'는 말은 많은 사연이 함축된 말이다. 경험으로 살아가며 아는 것과 그냥 글로 아는 것은 차이가 있다.

부부의 삶은 동전의 양면 같다는 생각을 한다. 많이 서로 익숙하니까 조심하고 부딪치는 것을 최대한 피해서 많은 말을 하지 않으며 살고 있으니 감정 표현이 되지 않고 서로 약간 정직하지 못하게 사는 것 같다. 아니 용납한다는 말이 맞는 거 같다.

나는 책을 통해 진짜 나에게 다가가는 감정 여행을 하게 되었다. 우리는 살면서 스스로 감정을 처리하지 못하고 가슴에 쌓아둔다. 그래서 그 감정이 쌓이면 언젠가 폭발한다는 것이다. 그 감정을 정리하고 마음과 몸에 스트레스를 쌓아두지 말고 살기를 권하는 많은 책을 통해 마음과 몸에 스트레스를 쌓지 않는 법을 알게 되었다. 혼자 거울을 앞에 두고 거울 속의 나와 대화하는 것이다. 한번은 거울 너머에 스트레스 원흉을 보고 있는 것처럼 평상시에는 할 수 없었던 거친 말로 욕을 하며 또 베개를 때리기도 하고, 스트레스를 날릴 수 있는 많은 방법을 날을 정해서 하는 것이다. 누구 눈치 보지 않아도 된다. 혼자서 하는 감정 풀이 여행을 하다 보면 어느새 마음은 시원하고 많은 아픔과 슬픔을 더 빤히 보며 정리하는 나를 보게 된다.

나와 내가 서로 잘 살았다. 나와 내가 마주하는 순간 많이 아파하고 울고 숨겨왔던 감정을 다 토하고, 정리되지 않은 감정을 정리해서 나의 사랑스럽고 예쁘고 살 만한 본 모습을 마주하며 살아갈 힘을 얻을 수 있다. 나는 본 모습의 나와 화해하고 마음이 고요하고 정갈해진다. 그래서 책을 보게 된다. 살아난다. 화초에 물을 주면 시들었던 꽃이 환하게 피어나듯 나는 생기 있고 환한 모습으로 밖을 다닐 수 있다.

언제나 에너지 넘치는 삶을 살았던 것 같다. 시장 나들이라도 집 밖을 나설 때는 언제나 환한 미소를 장착하고, 걸음걸이는 최소한 반듯하게 허리를 세우고 당당하게 걸으려고 애썼다. 작은 키와 작은 마음을 들키지 않으려고 무던히도 애쓰며 살았던 나의 인생을 돌아볼 수 있는 기회를 갖게 된 것은 세상에서 가장 귀한 행운을 얻은 것이라 생각한다. 세상에서 가장 귀한 행운을 얻어 이렇게 복된 행운을 나눌 수 있어 감사하다.

나와 동시대를 살아가고 있는 또 다른 나에게 말한다. 많은 꿈과 많은 사랑을 찾아보고 스스로 화해하고 행복한 모습으로 사는 본인을 상상해 보라. 상상은 현실이 된다. 상상은 꿈이 되어 나를 이끈다. 날마다 상상 속에서 멋진 나를 만나고 자신을 가꾸고 꾸미는 아름다운 나를 보고 하루의 기쁨을 누려보자.

나는 하나님께 부여받은 하나님의 자녀로서의 특권이 있다. 특권을 가진 우리는 원래 아름답고 사랑스러우며 존귀한 자이다. 존귀한 진짜 나를 내버려두지 말아야 한다. 진짜 나를 잘 깨닫고 감정을 잘 정리해서 행복하고 아름다운 삶을 살기 바란다. 우리는 모두 하나님과 함께하는 영혼이다. 영혼 속에 깃든 육체는 잠깐이다. 우리가 영혼을 가꾸고 하나님의 나라에 갈 때 홀가분한 영혼으로 육체를 떠나는 멋진 날을 기대하며, 감정을 잘 다스리고 긍정의 감정으로 충만하게 살기를 소망한다. 너무 행복한 날들이 기적처럼 계속된다. 현실은 내 마음속의 거울이다. 오늘도 난 낮에도 꿈을 꾸는 의식 있는 사람으로 산다. 내일의 나를 꿈꾸고 기대하며.

$$\boxed{2}$$

든든한 마음 근육을 키워라

마음에 근육이 있는가? 근육을 몸에 키우는 게 아니고 마음에 키운다고? 마음 근육을 어떻게 키우는가? 진정한 마음 근육 키우기가 있어? 많은 질문과 생각이 날 수 있다. 그렇지만 진짜 마음 근육을 키워야 하는 이유는 우리에게 있다. 왜냐하면 우리는 마음이 보이지 않지만 나의 안에 마음이라는 것이 있다는 걸 누구나 안다.

어떤 사람은 인생이, 자식이 마음대로 되지 않는다고 말한다. 오늘도 Q씨가 오셔서 자녀들과 가정의 문제를 얘기하고 가셨다. 남자분인데 남자로서 가정을 돌보지 못했던 젊은 시절 얘기를 한다. 깊게 생각해본 적 없다 했다. 그냥 남자니까 남자로서 직장 생활 하면서 사는 것이라 생각했다고 한다. 같이 일하셨던 사모님 또한 직장을 다니면서 아이들을 제대로 돌보지 못했다고 했다. 아이들은 성숙한 어른이 되었지만 몸만 자랐을 뿐 마음속에는 어린아이가 있어 부모로서 뭘 해준 게 있느냐고 따질 때면 마음이 아프다고 한다.

그런 가정이 그 집뿐이겠는가? 나도 그중의 한 사람 같다. 얘기를 하다 보니 공통점이 많다. 베이비붐 시절에 태어나 참고 인내하며 직장을 다니고 열심히 일하며 사는 것이 최선의 삶인 것처럼 살았다. 아들딸 집에 두고 여러 가족의 도움을 조금씩 받아가며 열심히 일했다는 Q사장님 얘기에 공감하며 마음이 아프다. 우리 시대는 누구 집이나 들여다보면 거의 같은 모습으로 살았을 것이다. 아이들의 소중함, 인간의 소중함을 알지 못한 채 내 부모가 나를 키우듯 먹이고 입히는 것이 최선인 것처럼 안 굶기고 유치원, 학교 보내면 되는 것인 줄 알았다. 그런데 아이를 키울 때 같이 성장하고 공감하고 경험하며 부모는 부모대로 아이는 아이대로 성장하는 것이었다는 것을 이제야 알게 되었다. 사람은 지난 후에 알게 된다는 것이 맞는 말인가? 진즉 알았더라면 얼마나 좋았을까? 죽기 전에 알았으면 좋았을 것들도 많을 것이다. 나도 그랬던 거 같다. 능력 없고 배운 거 없는 우리 부부도 열심히 아이들 뒷바라지하겠다고 남편은 직장에 다니고, 나는 아이들 옷 파는 장사를 했다. 시장 끝자리, 목이 그리 좋지 않은 곳에서 경험도 없이 친구가 하던 가게를 인수받았다.

인수받은 가게를 계약했다. 그런데 진짜 계약은 주인과 하는 것임을 그때 알았다. 친구가 할 때는 가게 월세가 그리 많지 않았는데 내가 인수하니까 월세를 딱 50%를 올렸다. 몰랐다. 주인의 횡포라 생각하고 장사하는 내내 그 주인이 미웠다. 한 달 월세를 내는 날이 진짜 싫었다. 주인의 부당함이 싫었다. 그래서 일부러 월세를 늦게 내기도 했다. 감사함으로 월세를 낼 때가 없었던 것이다. 이제 와서 생각해보니 감사하고 열심히 기쁘게 장사할 것을 미운 마음으로 장사를 하니 장사가 잘될 일이 없었겠다 싶다. 장사가 잘되는 것처럼 보이려고 나는 날마다 가게 앞을 깨끗이 청소하고 물청소를 하루도 거르지 않고 했다. 큰 바퀴벌레가 날아들고, 서울 쥐가 가끔씩 보이는 가게에 딸린 방에서 우리 아이들을 데리고 장사를 한다고 호기롭게 달려들었던 그때의 나는 참 용감했다는 생각을 한다.

장사를 하면서 하루도 마음 편히 쉴 수가 없었다. 두렵고 겁나고 유지만 되는 가게에서 장사를 하기 싫었다. 그때 나는 교회에 기도하러 다녔다. 가게를 정리하고 싶은 마음에 죽음을 각오하고 교회에 기도하러 다녔다. 그랬더니 나의 단골손님으로 다니던 두 딸의 엄마가 자기가 해보겠다고 어느 날 나에게 가게를 내놓을 생각이 없는지 물어본다. 난 미련 없이 넘겨주고 거의 이익이 발생하지 않는 가게를 인수하고 나왔다. 그때 인수한 단골손님이 너무 감사했다. 내 기도를 들어주신 하나님께도 감사했다. 그러면서 한편으로는 미안한 마음도 들었다. 나야 나가면 되는데 들어와서 마음 고생할 그 단골 엄마의 마음이 느껴져서 마음이 편치 않게 인수하고 나왔다. 또 나와는 다른 그 엄마는 이 가게를 살릴 수도 있겠다는 마음도 들었다.

지금도 그때를 생각하면 죄를 지은 거 같은 기분이 든다. 이게 아마 마음이 단단하지 않아서 그런 거 같다. 진짜 마음이 무거워서 이사를 한 후에 그 가게 앞을 거의 지나지 않고 돌아서 집을 갔다. 정직하게 사는 것이 마음 근육이 단단한 거 같다. 정직한 삶은 우리를 아주 편안하고 단단하게 한다. 그리고 정직한 삶과 마음 근육은 하나인 거 같다.

오늘도 나는 스스로에게 정직했는지, 겉과 속이 다른 사람처럼 살지는 않았는지 스스로 반성하고 점검하며 마음 근육 키우기를 하고 있다. 마음 근육이 자란다는 것이 정직한 삶이라지만 가끔은 잊어버리고 지나치는 날도 있다. 하나님의 사인 속에서 기쁘게 살다 보면 저절로 정직해지고 마음 근육이 자라는 것을 알게 된다. 마음 근육은 왜 키워야 하는가? 좀 더 건강하고 행복하게 지구별로 소풍 온 여행객으로 살기 위함이다. 오늘도 정직하고 행복한 마음을 느끼고, 좀 더 명확한 목표를 향하여 달려가는 멋진 삶을 기대한다. 마음에 있는 근육을 탄탄하게 키우고 든든히 커가는 나를 바라보며 응원하고 또 응원하는 하루가 되었으면 한다.

기도하는 것, 소망하는 것, 감사하는 것, 축복하는 것, 모두 마음 근육 키우기의 한 방법이다. 오늘도 소망을 가지고 기도한다. 쉬지 말고 기도하라 하신 예수님의 말씀에 순종하여 쉬지 말고 기도해보자. 범사에 감사하라 하신 예수님의 말씀에 의지해서 범사에 감사하는 내가 되어보자. 남을 축복하는 것이 나를 축복하는 것이라 한 말씀처럼 또 다른 나를 축복해보자. 그러면 어느 순간 김종국의 탄탄한 근육처럼 우리의 마음에도 근육이 장착되어 삶을 자신감 있고 당당하게 살아가게 될 것이다.

건강한 육신에 건강한 마음이 깃든다는 말이 있듯이 우리는 마음 근육으로 인해 무엇을 하든 한계 없이 신나게 일하는 멋진 사람이 되어 있을 것이다. 자신감과 자존감을 장착한 멋진 커리어 우먼으로 거듭난 나의 모습을 오늘도 상상한다. 단단한 마음에 기쁨이 가득하기를 기도해본다.

마음 근육이 크므로 백두산도 능히 오를 수 있는 체력이 되는 것 같다. 백두산 한 번 다녀온 후로는 백두산의 천지가 그립다. 눈 때문에 제대로 보지 못하고 여행을 마쳤기에 다시 마음의 백두산을 오른다. 든든한 마음 근육으로 든든한 부도 이루며 살자.

나는 태어난 존재 자체로 축복된 사람이다

누구나 칭찬을 들으면 기분이 좋아진다. 그래서 『칭찬은 고래도 춤추게 한다』는 책 제목도 있다. 우리는 칭찬 듣기를 좋아한다. 또한 칭찬하는 것은 인정한다는 뜻도 포함되어 있어서 좋다. 나도 어릴 때는 칭찬을 많이 듣고 자랐다. 특히 아버지는 언제나 나를 맏딸이라고 인정하셨다. 나는 공부하는 것이 좋았다. 암기하고 이해하고 공부하는 과정이 언제나 즐거웠다. 그래서인지 성적이 남들에 비해 좋은 편이었다. 인정을 받으려고 더 열심히 하는 모습도 있었다. 아버지는 나와 함께 얘기하는 걸 좋아하셨다. 나는 어릴 때부터 아버지가 자랑스러웠다. 아버지는 시골 면사무소 직원이셨다. 동네 어디를 지나가도 누구의 딸이라 하면 모두 칭찬해주시고, 아버지가 좋은 분이라고 아버지 칭찬도 아끼지 않으셨다.

특히 동네 어르신들이 아버지를 많이 좋아하셨던 거 같다. 출장을 다니시는 아버지는 동네의 어르신들을 잘 모시고 어려운 분들을 오토바이로 동승해서 편의를 많이 봐주셨다고 알고 있다. 아마 작은 친절로 사람들의 칭찬을 들으셨던 거 같다.

나는 아버지와 엄마, 가족들로부터 인정을 받고 칭찬을 들으려고 애쓰는 것이 아니라 그냥 마땅히 맏딸로서 동생들을 돌보고 보살피며 살았다. 당연히 맏딸인 나는 그렇게 살아야 한다고 생각했다. 엄마의 기쁨이 되고 싶은 나는 엄마의 바쁜 일을 조금씩 내가 해야 한다는 생각을 많이 가지고 살았다.

엄마는 늘 바빴다. 집안일과 농사일로 하루도 쉬는 날이 없었다. 언제나 바쁜 일상이 엄마의 삶이었다. 겨울에는 뜨개질로 바느질로 바빴다. 봄에는 농사일 시작하느라 바빴다. 여름에는 농사철 논이나 밭으로 일하러 다니느라 바빴다. 가을에는 추수할 곡식 거두고 정리하느라 바빴다. 하루도 바쁘지 않은 날이 없었던 엄마의 삶이 결국 나의 삶처럼 여겨졌다. 철인처럼 느껴질 때도 있었다. 지금도 엄마는 시골에서 살면서 7남매 자녀들에게 수시로 농사지은 것을 보내주신다. 요즘은 봄이라서 상추를 많이 보내주신다. 상추를 워낙 좋아하는 딸의 취향을 알기 때문에 신문에 싸서 보내주시는데 정말로 맛있고 행복하다. 엄마의 사랑을 받는 기분은 너무나 좋다.

　나는 결혼생활을 하면서 엄마와 나를 분리하는 마음이 생겼던 거 같다. 이제 나도 한 여인이고 엄마의 딸로서 엄마를 친정엄마로 받아들이는 마음이 생겼다. 엄마는 모르셨겠지만 난 엄마이고 싶었다. 동생들에게도 아버지에게도 엄마를 대신해서 엄마의 수호신처럼 엄마를 돌보는 딸이고 싶었다. 아버지는 늘 직장에 다니시기에 농사짓는 엄마에 비하면 아버지는 언제나 피부가 하얗고, 우리 집에서 가장 하얀 살을 가진 사람이었다. 세수하고 남은 물로 다리와 발을 씻으실 때 아버지는 우리 식구와는 다른 사람처럼 여겨졌다. 그런 아버지가 엄마를 버릴까 봐 나는 혼자서 마음 졸이며 살았다. 어쩌다 엄마 심부름으로 아버지를 뵈러 면사무소에 가면 소재지에 있는 다방에서 아버지는 커피를 마시고 계실 때가 있었다. 예쁜 다방 이모 옆에 앉아 같이 커피를 마시는 모습을 볼 때면 마음이 두근거리고 불안했다. 혹시 우리와 엄마를 두고 떠날까 봐 마음 졸였다. 아버지 돌아가신 후 엄마랑 이야기하며 어리석은 걱정을 했다는 것을 알게 되었다. 아버지는 엄마와 사이가 좋으셔서 집에 오시면 날마다 밤에 주무시기 전 엄마한테 직장 얘기를 하시고, 엄마는 오늘 내일 농사지을 준비와 이런저런 이야기를 하시는 그런 오붓한 사이였다. 그래도 난 불안했다. 우리 엄마가 시골에서 농사만 지어 피부가 까맣고 농사일로 바쁜 사람이라서 아버지로부터 버림받을까 봐 혼자 마음 졸이며 살던 때가 있었다. 아버지가 다방에 계신 것을 본 날은 얼마나 불안했는지 집에 와서 엄마 마음 아플까 봐 말도 못 했다.

국민학생인 나는 엄마를 보호하고 싶었다. 면사무소 심부름 다녀오는 날에 늘 걱정이 있었다. 시골집으로 오는 길을 혼자서 터덜터덜 오는데 행인이 없으니 더 소설을 썼던 것이다. 이런 얘기를 한 번도 해보지는 않았지만 엄마의 큰딸이라는 위치가 나를 그렇게 만들었던 같다.

초등학교 5~6학년 때의 생각이 지금과 별 차이가 없는 것 보면 참 조숙했던 거 같다. 엄마는 엄마의 삶을 살았고, 나는 나의 삶을 즐겼으면 되는데 왜 그리 마음이 쓰였는지? 누가 돈 주고 시켜도 그리 못 할 것 같은데 나는 엄마의 수호천사 노릇을 하고 싶었나 보다. 엄마는 진짜 불쌍하게 사는 거 같았다. 엄마의 일이 너무 많아서 늘 불쌍했다.

씩씩한 우리 엄마는 지금도 여전히 씩씩하시다. 내가 책 쓰고 나면 제일 먼저 엄마에게 드리면서 자랑하고 싶다. 엄마 딸이 책을 썼다고 말하며 칭찬받고 싶다. 우리 엄마는 늘 큰딸인 나를 대학까지 가르치지 않은 것에 대해서 마음 아파 하셨다. 제발 그러지 말라고 해도 엄마 마음이 그리 쓰이는 것은 어쩔 수 없어서 난 엄마한테 늘 죄를 짓는 기분이고 마음이 편치 않았다. 그런데 이렇게 책을 써서 엄마에게 드리면 엄마는 장하다 칭찬하실 거 같다. 엄마의 칭찬과 인정에는 평가가 없다. 무조건 칭찬이고 무조건 인정이셨다. 엄마 스스로 공부를 많이 못 하시고 한글을 거의 잊어버린 상태라 엄마는 우리가 공부한다 하면 무조건 잘한다 해주셨다. 지금 와서 생각해보면 엄마의 교육 방법이 최고인 거 같다. 아는 만큼 보인다고 아니까 더 욕심을 부리고 아이들을 욕심껏 키워보려 애썼던 나의 교육 방식은 참 아쉽고 아프게 하는 부분이 많다. 엄마는 언제나 인정하시고 좋아하셨는데 나는 100점이 아니라고 왜 하나 틀렸는지 꼬치꼬치 캐물었다. 아이가 자라지 않았으면 다시 엄마의 자리에서 다양한 방법으로 고정관념 없이 키워보고 싶은데 이미 다 자라서 맘만 아프고 쓰라릴 뿐이다.

부족한 부모 역할을 감당하느라 나도 힘들었다. 그래도 나는 최선을 다해서 살았다고 생각한다. 아들의 성장, 딸의 성장 과정을 보면 둘의 성격은 극명하게 다르다. 아들은 남자니까, 나중에 가정을 책임지고 살아야 하니까 더 잘되기를 바라고 많이 잔소리를 했는데 그것이 아들의 마음을 힘들게 했다. 지금 아들은 이제야 자신의 길을 찾았다며 노래를 하며 즐겁게 살고 있다. 그런데 돈에 대한 욕심이 없는 것이 나를 화나게 한다. 돈을 좋아해야 돈이 따른다. 돈과는 거리가 멀게 살고 있는 듯이 보여서 지도해주고 싶어도 엄마의 마음을 잔소리처럼 받아들이니 말을 할 수 없다. 안타깝다.

아들은 고등학교 이후로 마음을 닫았다고 본인 입으로 말한다. 나와 마음을 닫고 살기에 나만이 일방적으로 짝사랑을 하듯 나는 날마다 아들의 방에 가서 궁둥이를 두들기며 사랑한다 말한다. 등을 쓰다듬으며 사랑한다고 말한다. 어릴 때 더 많이 했어야 할 일을 이제 와서 하는데, 그렇게 때 지난 사랑을 전해도 가만히 받아주는 아들이 고맙고 좋다. 사랑스럽다. 날마다 변해가는 모습에 잔소리를 하고 싶어도 참는다. 이제 아들에게 잔소리는 아무 소용이 없는 말이 되었다. 진즉 그렇게 되었지만 남편의 부족한 부분만은 제발 닮지 않기를 간절히 바라는 마음에 계속해서 말했던 것이다. 하지만 아들은 남편의 업그레이드 된 모습이다.

난 엄마니까 우리 엄마처럼 칭찬과 인정을 평가 없이 하고 살아야 하는데 여전히 성숙하지 못한 내가 아들의 못마땅함을 지적하고 싶어 하니 계속해서 인내하고 인내하며 살아야겠다. 아들이 나의 작은 수호천사가 되어준 걸 알게 되었다.

"엄마가 돈 때문에 신경 쓰고 있을 때 너는 나를 걱정하며 스스로 물러나 엄마를 성가시게 안 했지. 20살 이후로 용돈 한 번 달라고 하지 않은 네가 지금 생각하면 대견하고 멋있는 남자다. 책을 쓰며 깨닫게 되었다. 늘 나를 지키기 위해 애썼던 너의 마음 이제야 알게 됐어. 태어난 존재 자체로 축복하는 멋있는 엄마가 되어볼게. 고마워 사랑해."

나 자신의 힘으로 맺는 세상과의 긍정적인 관계

우리는 익숙하지 않은 초면의 사람을 만나보면 나의 마음이 얼마나 두렵고 떨리는지 알 수 있다. 아이들은 7~8개월 될 때부터 유난히 낯가림이 심해서 울음으로 자신을 표현해낸다. 그렇다고 어른이 된 지금은 울 수 없지만 마음속에서는 아직도 아기처럼 떨면서 초면인 사람 앞에서 어색하고 힘들어한다. 연예인들도 한결같이 내성적이라서 낯가림이 심하다는 얘기를 한다. 왜 그런 분들이 연예인이 되어 자신을 표현하고 자신의 모습으로 다른 인물을 창조하며 살고 있는지 가끔은 궁금하기도 했다. 나 또한 낯가림이 심하지만 항상 아닌 척한다. 초면의 사람들을 대면하고 집에 가는 길은 언제나 지쳐 있다. 초면일지라도 어떤 사람은 정말로 잘 케어해주고 사람의 마음을 잘 보살펴준다는 생각이 들어 마음이 많이 편하다. 아마 그분의 따뜻한 성품과 여유로운 마음 때문이었으리라 생각한다. 나는 '한책협' 권마담님이 가장 아름다운 본보기인 거 같다. 배려의 아이콘, 긍정의 아이콘으로 내면이 너무 아름답고 멋지다고 생각했다. 나는 타인과 세상에서 긍정적 관계가 되어본 적이 그리 많지 않다. 특히 어릴 적 시골을 벗어난 지역에서 익숙하지 않은 사람들과 말하는 것은 내성적인 성격이라 어렵다고 생각하고 살았다.

직장에 다닐 때 인사 이동이 있었는데 나는 총무과에 근무하는 관계로 시기를 알고 있었기에 총무과에 알고 있던 인사 주무담당에게 내가 가고 싶은 곳에 갈 수 있게 도와달라고 부탁했다. 처음으로 내가 갈 곳을 정해서 가는 것이다. 나는 진짜 그곳에 가고 싶었다. 그렇게 먼 곳인지 몰랐다. 인생은 가지 않고 가보지 않으면 모르는 일이 너무도 많다는 것을 알게 된 것이다. 체험하는 것이 나를 힘들게 한다. 본부에서 여직원으로 늘 보조 역할만 하는 것이 싫었다. 나의 확실한 자리를 굳히고 당당함을 가지고 살고 싶었다.

그래서 난 출장소에 보내 달라고 부탁했다. 광주에서 교통이 가장 편한 출장소로 발령을 받았다. 5월 첫날에 그 출장소에 가게 되었다. 출장소에 가는 길에 들판의 풍경이 아름답다. 논에는 모내기를 시작하려고 준비하는 물 논의 모습으로 준비되어 있었다. 자연의 시원한 아름다움이 계절을 느끼게 하니 마음이 한결 상쾌해졌다. 처음으로 출장소에 도착해서 소장님을 비롯한 직원들을 15명 정도 만나게 되었다. 처음으로 보는 그들과 인사를 하고 일을 한다. 각자의 직위와 직급이 있다. 소장님은 자신이 아는 사람을 채용하고 싶었는데, 내가 정해서 그곳으로 오게 되니 나를 은근히 괴롭힌다. "구두를 닦아라. 일찍 8시까지 출근해라." 아, 이런 일이 있을 거라고는 생각도 못 했는데 본부에 있을 때보다 마음이 편하지 않아도 당장 그만둘 수가 없었다.

내가 선택한 곳이기에 어떠한 불의를 당해도 참고 일해야 하는 입장이 되었다. 본부에서 밀어서 나를 받을 수밖에 없었다는 소장님의 말씀에 마음이 미안해졌다. 내가 그 자리에 오는 것을 그 소장님은 못마땅해하셨다. 고된 직장 생활의 서막이었던 것이다. 인사 발령이 있기 전까지는 여자 직원을 출장소에 두지 않았지만 처음으로 출장소에 여직원을 두기 시작하면서 나는 출장소에 타이피스트로 입성하게 되었다. 타자 2급 자격증을 취득한 것을 가지고 내 힘으로 당당한 자리로 이동했다.

처음으로 부탁한 나의 일이 제대로 잘되니까 그분께 진심으로 감사했다. 아마 내가 직장에서 타인과 세상에 대해 긍정적인 마음을 갖게 된 첫 번째 일이 아니었나 생각한다. 내 나이 22살, 한참 일하며 인정받고 싶을 때 나는 내가 일하고 싶은 곳으로 떠나면서 시골로 가게 되었다. 시골의 직원들은 본부의 직원들과 너무도 다른 생각과 말을 한다.

그래서 사는 곳이 어디인지가 중요하다는 생각을 했다. 모든 직원들의 생각과 마음이 도시와 비교할 때 10년 정도 뒤떨어진 모습으로 보이고, 실제로 그 자리에서 일하는 분은 그리 많지 않으신 거 같다. 아침 일찍 출근해서 출장을 달고 모두 출장을 가신다. 모든 직원의 일상이 출장을 떠나는 일이 전부인 것이다. 본인들의 담당 구역이 있어서 모두 자신들이 담당하는 구역을 돌보고 살피러 매일 출장 가는 일이 출장소 직원들의 일이었던 것이다.

우리 회사가 담당하는 일은 댐에서 내려오는 물을 수로를 통해 논에 물이 필요한 만큼 보내는 일이었다. 댐 관리는 물론 수로를 통과하는 물이 다른 곳으로 넘치지 않고 논으로 물이 잘 들어가도록 관리하는 일이었다. 나는 그 출장소에서 유일하게 출장이 없는 여직원으로 혼자 근무했다. 출장소 소장님은 총괄 담당이기에 출장을 가지 않으신다. 사무실의 모든 일을 잘 관리하고, 본부에 문서를 발송하고, 본부에 요구할 것들을 문서로 만들어 타이핑해서 보고하고 요구하며 모든 사무실의 공문서를 만드는 것이 나의 일이다. 출장소는 작은 회사였다. 본부는 큰 회사라서 한 부서만 알게 되지만 출장소는 작은 회사라서 회사의 전체 일을 알게 되었다. 나는 열심히 타이핑하고 문서를 발송하고 본부에 가까이 사는 관계로 퇴근 시간 전에 본부에 공문을 들고 들어가기도 하고 즐거운 직장 생활을 했다.

나는 아주 잘했다고 생각한다. 같은 경리계 직원과 함께 밤새 작업을 하고 숫자를 다 맞추고 나면 보람차고 성취감을 느꼈다. 일하는 기쁨, 직장에서 필요한 존재로 사는 것은 행복했다. 연말이 되면 밤새 작업을 하는 날이 며칠은 계속된다. 그 일을 마치고 나면 직원들과 함께 회식을 한다. 서로 고생한 부분을 얘기하고 격려하며 회식하는 시간이 길어질수록 직원들만 남고 소장님은 떠난다. 소장님이 떠나는 그 순간부터 우리의 모든 주제는 소장님께 옮겨간다. 그런 것이 직장 생활이라고 생각하고 신나게 서로 술안주로 씹는다.

그렇게 1년 여 지난 어느 날 결재판을 들고 소장실에 결재를 받으러 들어갔더니 나의 결재서류에 찍힌 도장 위에 당신의 도장을 찍으며 너는 내 것이라고 말한다. 처음에는 무슨 의미인지도 모르고 별 의미도 없이 나왔다. 그런데 자꾸 반복되는 날마다의 일들 속에서 나에 대한 소장님의 마음을 알게 되었다. 직원들이 출장을 떠나고 나와 기사님, 다른 직원한 명, 소장님 4명이 남아서 사무실을 지키는 경우가 많다. 그러면 소장님은 커피를 타오라고 말씀하시고, 내가 커피를 타러 탕비실로 들어가면 가끔 따라와서 뒤에서 나를 안으시고 나를 여자로 대하는 것이었다. 아버지보다 나이 많으신 그 소장님이 집요하게 나를 좋아한다고 말씀하시는데 그때 내 나이 겨우 23살이었다. 현명한 대처를 위해 혼자 고심을 많이 했다. 어떻게 대처해야 할지 모르겠었다.

　남자 직원뿐인 직장에서 나는 혼자 많이 생각했다. 사표를 쓰고 집에서 쉬기로 했다. 지금 같으면 직장 내 성희롱으로 고발할 수 있는 충분한 소지가 있다. 집에서 쉬면서 다른 직장을 알아보려고 애쓰고 있을 때 소장님이 보내신 직원분이 집에 찾아오셔서 자꾸 미안하다고 출근하라고 하신다. 다시는 그런 일이 반복되지 않기를 다짐받고 출근을 했다. 출근해서 1달도 채 되기 전에 소장님이 다른 직원과 다투다 그 직원의 뺨을 때렸는데 그 직원의 고막이 터져 그 소장님은 그대로 직장을 그만두었다. 그 뒤로 편한 직장 생활이 이어졌는데 결혼을 하면서 직장을 그만뒀다.

　나의 힘으로 직장을 구하고 자리를 만들고 일하며 타인과 사회와 긍정적인 관계를 맺은 것은 잘한 일이라 생각한다. 스스로 자존감 있고 당당한 삶을 살아냈던 한 페이지의 기억으로 남았다. 누구라도 꽃피는 봄날이 있듯이 나의 전성기, 아름다운 청춘의 봄은 그때라는 것을 알게 되었다. 나의 봄날을 가져오니 글을 쓰면서도 기분이 참 좋다. 당당하게 살아낸 나한테 이제라도 상을 주고 싶다.

"너는 참 현명했어. 잘했어."

가끔은 그 직장에서 결혼 후에도 계속 일을 했다면 어땠을까 생각한다. 직장 생활 초창기에는 모두 여자가 결혼을 하면 직장을 그만두는 시기였기에 나도 당연히 그만두고 직장을 접고 남편을 따라 서울에서 살았다. 결혼 전에는 서울에 가고 싶고, 서울 사는 사람들이 부러웠다. 진짜 서울이 좋았다. 서울 사는 남자랑 결혼하고 싶었다. 서울에 가서 살아보는 것이 소원이었다. 그 마음의 소원은 이루어졌다. 돌아보면 삶에서 기적 같은 일이 수시로 있었다는 것을 알게 된다. 책 쓰기는 나의 삶이 기적의 일부라는 것을 알게 한다. 행복한 정리의 시간이자 마음의 충전이다. 감사합니다. 사랑합니다. 축복합니다.

내가 작은 것이 아니라 남들이 큰 것이다

'나는 하나님의 걸작품'이란 말을 나의 카톡의 프로필의 메인 글귀로 해놓았다. 사실 내가 하나님의 걸작품이 아닌 다른 사람들이 진짜 하나님의 걸작품처럼 여겨질 때가 많았다. 그래서 억지로라도 나도 하나님의 걸작품이고 싶어서 이런 글귀를 썼던 거 같다. 하지만 누구든지 하나님의 걸작품으로서 살아갈 가치가 있다는 것을 이제는 알게 되었고, 진실한 삶을 살아내는 영혼으로서 하나님의 자녀임을 알고 믿고 있다.

내가 나를 향한 비판의 말을 잊어버릴 정도로 자존감이 있었다면 얼마나 좋았을까? 내 귀에 들리고 나를 눈치 보게 하는 한 장면이 떠오른다. 내가 결혼을 해서 시모님을 뵈러 갔을 때의 일이다. 그때는 남편이 이라

크에서 일하고 있어서 서울에서 동생들과 자취를 하고 살았다. 추석 명절이 되어 시골에 갔다. 추석 명절을 시부모님과 함께 지내고 명절 다음 날 친정으로 가는 길. 동네 입구에서 버스를 기다리고 서 있었다. 어머님이 내 곁에 와서 같이 버스를 기다려주면서 앉아서 기다리라 말씀하신다. 그 눈빛에서 나의 작은 키로 인해 동네 사람들에게 나를 보여주고 싶지 않다는 마음이 느껴졌다. 그 강렬한 눈빛 때문에 마음이 아팠다. 난 결혼하면 자존심이 살아나고 나의 콤플렉스가 없어질 거라 생각했는데 그때부터 시댁을 향한 불편한 마음이 생겨나기 시작했다.

나를 향한 미세한 마음을 알아채고 나서 버스로 혼자 친정집을 가면서 마음이 심히 아팠다. 지금도 시댁 동네 어귀에 들어서면 한 장의 사진처럼 버스를 기다리는 나와 어머님이 생각난다. 왜 지나간 과거를 붙잡고 살아왔을까? 부정적이고 나를 힘들게 하는 한 장면을 마치 어제처럼 느끼고 살았었는데 나처럼 이런 마음이 되어본 사람이 있을까? 나만의 독특한 경험일까? 이 장면이 그리도 강렬한 사건이었을까? 그냥 나는 단지 키만 작은 사람이고, 남들은 나보다 조금 더 크게 태어났다고 생각하면 되는 것이었는데, 늘 남들의 큰 것만 보이고 나의 작은 키를 원망했다. 마음의 불편함이 생기면 먼저 키를 바라보는 나만의 못된 버릇이 있었다. 그때의 어머님은 당신이 다리가 아파서 그럴 수 있었을 것이란 생각이 이제야 든다. 같이 기다려주시는 그 마음이 얼마나 고우신가? 그 고

우신 마음은 느끼지 못하고, 내가 혼자 생각하고 혼자 마음을 정하고 그리도 오랫동안 그 한 장면을 진짜인 것처럼 붙들고 살았다. 부정적으로 살았던 한 단면이라 마음이 아프다.

나는 늘 그랬다. 내가 알고 있는 나의 미세한 공기 한 방울을 느끼듯 어리석음을 일상으로 가지고 살았다. 그러면서 하나님의 사랑 안에 머물면서 교회에서는 많이 편안하고 좋았다. 난 혼잣말로 이렇게 말한다. '맞아! 남들이 나보다 조금 큰 거야. 아무리 커도 너처럼 세 끼 밥 먹고 같은 장기들을 가졌고 손가락 발가락을 가진 사람이고 아플 수 있고 죽을 수도 있는 인간이야.' 하지만 그런 긍정의 생각은 그리 오래가지 않는다. 왜 오래 지속되지 않았던 것일까? 무던히도 애를 쓰고 마음을 다잡는데 왜 그리 지속되지 못했던 걸까?

남편과 함께 여행을 가서 사진을 찍을 때 아무리 남편이 보통 키라도 나오는 차이 나게 보이기에 남편이 조금만 무릎을 구부려 사진을 찍으면 조화로울 거 같은데 남편에게 지금까지 부탁하지 않았다. 스스로 알아서 나를 배려해서 사진을 찍어주길 바랐다. 내 생각대로 안 되면 나는 언제나 남편을 향한 비판자가 되어 부부의 사진을 남긴다. 사진이 예쁘게 찍힐 리 없고 친절하게 나올 리 없다. 어느 순간 아예 부부 사진에서 각자의 사진으로 바뀌어가고 있었다. 왜 나는 나의 불편하고 친절하지 않은 사진에 대한 마음을 얘기하지 않았을까? 그것은 나의 꼴통 자존심이었던 것 같다. 부탁을 하고 감정을 얘기하면 내 자존심이 무너진다고 생각했던 걸 알게 되었다. 사소한 사진 찍기 하나를 마음에 담아두고 남편을 나의 마음에서 밀어내는 단초로 삼았다. 남편의 모든 행동 하나하나를 비판자와 비난자가 되어 바라보며 교감 선생님처럼 날마다 지적하고 지적했다. 아버지처럼 해주지 않는다고, 아버지처럼 마음이 넓지 않다고, 나의 자존심이 무너질 때마다 남편을 비난하고 아프게 했다.

그래서 나는 스스로 마음이 건강하지 못한 삶을 사는 것이 얼마나 힘든지 알게 되었다. 나는 비판의 잣대를 버리고 싶었지만 그것은 마음대로 되지 않았다. 내 안에 나도 알 수 없는 비판의, 비난의 집이 성을 이루고 살고 있었다. 나를 고치기가 힘들다. 진짜 주일날 교회에서의 편안함은 잠깐뿐이다. 다시 현실로 오면 남편이 있고, 다시 남편을 지적하는 모습에서 이제는 죄책감을 느끼게 되었다. 자꾸 비난하고 비판하고 삶의 아픔과 어리석음을 드러내며 사랑이 무엇인지도 모르고 살고 있는 결혼생활이었다. '결혼을 위한 결혼의 모습이 이런 것이구나.' 하며 가끔 나를 연민하고 불쌍하게 생각한다. 마음을 다잡고 좀 더 하나님의 은혜로 남편을 대하리라 마음먹지만 그것은 잠시뿐, 기대에서 무너진 남편의 말과 내가 원하지 않은 행동이 나오면 벌써 그 사람은 내 마음에서 버려진 사람이 되어 있다. 나는 집안에서 남편을 점점 외면해가고 있었다. 변하지 않을 사람, 기대할 수 없는 사람으로 생각하면서 독립된 마음으로 나를 먼저 돌아보게 되었다.

나는 작은 키가 힘든 게 아니라 나보다 큰 사람에 대한 질투심과 인정하고 싶지 않은 큰 마음이 힘들었던 것이다. 나는 참으로 어리석고 모자란 사람이었다. '병신이 육갑하고 있다'는 말은 나에게 하는 말이었던 거 같다. 진짜 마음의 병신이 되어 인생을 만들어 오고 있으니 어느 것 하나 완벽하게 만들 수 없었던 것이다. 지금 살고 있는 이 모습이라도 기적처럼 여겨진다. 내 인생을 내가 선택하고 만든다는 것을 알게 된 지금 생각해보면 지금까지 하나님의 사랑에 감사와 찬양을 하지 않을 수 없다. 무엇 하나 긍정적이지 않고 노력하고 애쓴다고 했지만 늘 불안해하고 두려워했다. 답답한 미래라고 생각하고 살았는데 이제는 안다. 어리석고 지혜롭지 못한 나의 모습과 삶의 태도를 경험하는 모든 순간을 기적처럼 감사로 통과해야 하는 것인데 그렇게 하지 못했다.

나는 60년의 세월 속에서 45년 정도를 이 키로 살았다. 아마 이 키는 점점 나이 들면서 줄어들겠지만 마음에서는 언제나 나는 외친다. '나는 죽을 때까지 키가 자라고 있다!' 그러면서 지금의 나는 신나고 행복하게 살고 있다. '한책협'을 통해 책을 쓰면서 자존감이 커지고 마음이 자라서 나는 행복하게 잘 살 거 같다. 이제는 정말로 멋진 나의 삶을 기대한다.

나는 멋지다.

나는 귀엽다.

나는 행복하다.

나는 진짜 사랑이 많다.

나는 멋진 나의 인생을 알게 되었다.

나는 진심으로 나를 사랑한다.

내 안에 계신 하나님이 나를 돌보고 이끌고 계신다.

나는 존귀한 자다.

나는 지구만큼 우주만큼 존귀한 자다.

나보다 조금 더 큰 한 분 한 분을 축복한다.

내가 질투했던 나를 용서한다.

내가 작은 것이 아니라 다른 사람이 큰 것이다.

우리가 조화로운 세상에서 살고 있어서 좋다.

우리는 모두 사랑받아 살아가는 하나님의 작은 영혼이다.

우리는 모두 하나님의 걸작품입니다.

6

슬픔 예감은 언제나 틀리지 않는다

이 제목을 정하고 지금까지 글쓰기가 많이 망설여진다. 무슨 소설 제목 같지만 나는 이런 경험이 있었기에 이 제목부터 힘들다. 1989년 봄에 임신을 원하지 않았지만 임신이 되었다. 그 임신으로 많은 생각과 두려움과 무서움에 하루하루 지내는 어느 날 아버지가 서울에 갑자기 오셨다. 딸 보러 서울에 오셨다 하시며 앞으로 시골에서 보리쌀을 가져다 서울에서 팔고, 서울로 오셔서 하실 사업 얘기와 계획을 말씀하셨다. 그리고 저녁을 드신 후 쓰지 않는 내 통장에 돈이 있었다고 200만 원을 찾아와 내게 주시고 가셨다. 난 그때 전세 1,000만 원에 살았는데 내 재산의 5분의 1을 주셨으니 나는 큰돈을 받고 기분이 좋아서 아버지 대접하고 며칠을 행복하게 지냈다. 아버지 오셨다 간 지 1주일 정도 지난 어느 날

꿈에 어떤 병원에서 남편이 죽었다고 남편을 붙잡고 많이 울다가 꿈에서 깼는데 실제로 눈물이 많이 흐를 정도로 울고 있었다. 나는 그 꿈을 꾸고 맘이 불안했다. 혹시 남편에게 불안한 일이 생길까 봐 날마다 불안으로 남편의 퇴근을 기다렸다.

그날도 남편의 무사귀환으로 저녁밥을 해서 먹고 잠을 자는데 새벽 1시 30분쯤에 빨간 전화기의 벨이 울린다. 전화를 들었더니 셋째 동생이 울면서 아버지 돌아가셨다고 한다. "말도 안 돼. 왜? 진짜야? 이게 무슨 말이야?" 별별 것을 물어보고 확인해보지만 울고 있는 동생의 얘기가 거짓말 같아서 잠을 이룰 수가 없었다. 잠을 못 잤다. 임신하면 멀미가 심해서 차를 타는 것이 너무 두려워서 외출을 삼가고 살았는데 기적이 있기를 바라며 아침까지 뜬 눈으로 울었다. 어떻게 해? 어쩌지? 어쩌란 말이야? 뭐가 문제야? 이런 일이 우리 집에 있어? 이게 가능해? 별별 생각을 다 하지만 마땅히 답을 들을 수 없었다. 나는 남편과 딸과 함께 고속버스 첫차를 타고 광주에 갔다. 긴장한 탓에 멀미도 싹 사라졌다. 그 와중에도 아이가 잘못될까 봐 두렵기도 했다. 멀미를 하지 않는 것은 나에게 기적 같은 일이었다. 우리는 아버지가 기독병원에 계시다는 얘기를 듣고 그곳에 도착해서 엄마와 다른 동생들을 만났다.

엄마는 실신해서 링거를 꽂고 계셨고, 동생들을 보는 순간 사실이었다. 제발 아니기를, 병원에 입원해 계시기를 빌고 빌었다. 제발 영안실만 은 아니기를 마음으로 부르짖고 부르짖었다. 하나님을 수없이 불렀다. "하나님, 어떻게 해요? 우리 집은 어떻게 해요? 우리 엄마는 어떻게 해 요? 우리 동생들은 어떻게 해요?" 나는 큰딸로 아버지 살아계실 때 결혼 한 유일한 기혼자였다. 돌아가신 아버지가 밉다. 책임감 없이 가족을 남 기고 떠났다는 생각을 지울 수가 없다. 돌아가신 이유는 음주 운전이었 다고 한다. 술을 드시고 운전해서 시골에서 광주까지 친구들을 배웅하러 광주에 오셨고, 친구들 내려주고 집으로 가는 길에 버스와 정면충돌로 그 자리에서 돌아가셨다고 한다. 아버지가 중앙선을 침범했다는 시내버 스 기사의 얘기만이 유일한 진술이었다.

죽은 자는 말이 없는 법. 내가 더 유명하고 잘났더라면 이런 일을 쉽게 해결할 것 같았는데 나는 너무도 연약한, 능력 없는 여자였다. 아무도 우 리 가족은 그 기사에게 가서 따져 묻지를 못했다. 병원에서 연락을 받은 엄마의 충격은 얼마나 컸을까? 밤늦은 시간까지 엄마가 잘 담그는 동동 주로 아버지 친구들 시골로 모시고 동동주 한잔 드시고 우정을 나누셨다 는데, 그 상을 치운 지 얼마나 됐다고 돌아가셨다는 얘기를 듣는 엄마의 심정은 얼마나 아플까? 동생들과 엄마는 어떻게 살까? 엄마는 사회생활 을 해보지 않고, 모든 필요한 것은 아버지가 공급하시고 아버지 주도하 에 우리 집은 살고 있었는데, 나는 엄마 걱정에 미칠 거 같았다. 돌아가신 미운 아버지, 살아 계신 엄마 걱정. 병원에서 잠깐 시골에 왔는데 할머니는 아들이 죽었다고 해도 서운하지 않으신가 보다. 마루 끝에 앉아서 수의를 만드는 동네 사람들 가운데서 막내 고모가 사준 금반지 자랑을 하고 계셨다.

난 우리 할머니의 심정을 이해할 수 없어 할머니도 그때부터 미웠다. 어떤 상황인들 받아들일 수 있는 것이 아무것도 없었겠지만 말이다. 다음 날 병원에서 염하기 전 가족들에게 아버지를 보여주었다. 아버지는 얼굴이 반쪽밖에 없었다. 깨진 얼굴, 냉동실에 아버지 누워 계신 밑으로 흥건히 고인 피, 미칠 것 같은 심정으로 보지도 못했다. 보기만 했다. 얼굴만 봤다. 너무 무서웠다. 너무 미웠다. 아버지의 책임감은 우리 7남매가 다 결혼할 때까지 살아 계셔야 하는 것이라고 마땅히 여기며 살았는데 아버지 없는 우리 집을 어떻게 해야 좋을지? 아버지 친구들이 소식을 듣고 오셨다. 모두 어리둥절할 뿐이었다. 아버지는 면장님으로 재직하시다가 명예퇴직을 하시고 집에서 농사일도 하고, 다른 일도 하시며 집에 계실 때였다. 52세, 지금의 내 나이보다 한참 젊다. 그래서 아버지는 언제나 젊은 아버지로 기억에 남아 있다.

언제나 아버지 나이가 오래 사는 것의 기준이었다. 아버지 나이를 넘어서면 오래 사는 것이었다. 지금 나는 오래 살고 있는 것이다. 아버지

나이를 훌쩍 넘었으니까. 동생들도 덩달아 아버지 나이를 넘으면서 우리는 서로 아버지가 얼마나 젊은 나이에 세상을 떠났는지를 새삼스럽게 얘기한다.

죽은 사람만 불쌍하다고 하던가? 살아 있는 자는 어떻게 해서라도 살수 있다는 말이 우리 가족에게는 딱 맞는 말이었다. 엄마는 아버지 장례치르고 흔들림 없는 모습이셨다. 아버지 돌아가시고 가족회의 때 작은아버지가 아버지 연금과 장례 치르고 남은 돈을 할머니 통장으로 만들어야한다고 하신다. 아버지랑 같이 사셨던 엄마가 계시고, 우리 남매가 있는데 무슨 할머니야? 작은아버지 입장에서는 우리가 없었다. 할머니 입장에서 아들을 잃은 것이 가장 슬픈 일이라고 하셨다. 그러면서 외할머니입장에서 엄마가 돌아가셨다고 하면 어떻겠느냐며 말도 안 되는 소리를하는데 화도 나고 역시 인물이 안 되는 작은아버지라는 생각을 했다. 아버지처럼 큰 생각을 하시는 분이 없어 마음이 아프고, 엄마를 대신해서내가 작은아버지들과 맞서서 말했다.

우리는 아버지 장례를 치르고 남은 800만 원 정도로 서울 구로동 8평집에 3가구가 살고 있는 집을 하나 샀다. 세상에서 제일 귀한 남동생이고3으로 광주에서 학교 다니고 있었고, 막내 고등학교 1학년, 우리는 마음을 모아 살아갈 궁리를 했다. 엄마랑 동생들에게 구로동에 3평 정도 되는 작은 방을 빼주고 동생들을 모았다. 동생들이 구로동에 와서 살기 시작했다. 막내 남동생은 고등학교를 옮기고, 고3 남동생은 서울로 대학교를 진학했다. 세 번째 동생이 직장 때문에 서울로 오고, 서울에서 대학 다니던 넷째는 둘째와 같이 자취했다. 그래서 모두 구로동 집으로 합쳤다. 아버지 돌아가신 그해에 바로 밑 내 여동생이 결혼을 했다. 그때 결혼식장의 쓸쓸함이란 말할 수 없을 정도였다. 정승 집 개가 죽으면 하객이 줄을 서지만 정승 본인이 죽으면 하객이 없다는 말이 실감이 났다. 아버지 친구분들의 품앗이는 아버지 돌아가시고 끝났다.

세상에 슬픈 예감은 언제나 틀리지 않는다는 말이 우리 가족에게 해당될 거라고는 생각도 못 했는데, 그 일로 우리는 서울에서 살게 되었다. 그 후 우리는 엄마의 지혜로 용감하게 살았고, 지금도 그때의 아버지 장례비 남은 금액으로 산 집에서 남동생이 살고 있다. 지금은 예쁘게 사람 사는 집처럼 바뀐 빌라는 옛날에는 날아다니는 바퀴벌레가 사는 집에 사람이 사는 모습이었다. 8평 작은 평수의 집에 3가구가 살았던 집이었다. 걱정하고 염려했던 엄마는 나보다 더 씩씩하게 지하철을 타고 다니며 잘 적응하며 사신다. 멋지고 자랑스런 엄마로 인해 우리 가족은 모두 행복한 가족애를 느끼며 산다.

지금도 엄마는 시골에서 농사지으신 것과 봄에 나물들을 채취해 말리셔서 겨울에는 구로시장에서 며칠씩 그 농사한 것을 팔고 장사의 꾼이 되어 사신다. 구로시장에서 메주 할머니로 통하고 정직한 농사의 참맛을 보여주며 장사를 하신다. 우리 엄마를 기다리는 진짜 시골 맛을 아는 분들의 단골 노점상이 되어 1년에 1주일 정도는 서울의 엄마집(지금은 동생이 살지만)에 오셔서 구로시장의 노점상 할머니로 사시다 가신다. 멋지다. 나 같으면 그리 못할 텐데 무슨 일이든 멋지게 잘해내는 우리 엄마는 나의 롤모델이고 나의 자랑이다.

"사랑하는 엄마, 오래 사세요. 감사합니다. 내 삶의 원동력, 엄마가 나의 엄마라서 너무 좋고 더불어 동생들이 나의 동생이라서 나는 행복합니다. 모두 지금처럼 행복한 모습으로 살기를 바랄게. 고맙고 사랑해."

7

가짜 자존감, 진짜 자존감 구별하기

자존감이란 자기 자신을 존경하고 사랑하는 감정을 말한다. 누구나 스스로 자기를 인정하고 사랑하는 자존감이 있다. 아이로 태어나서 세상에 왔을 때는 자존감이 하늘에 닿아 있었겠지만 사람은 자라면서 점점 자신의 자존감이 내려갔다는 것을 알게 된다. 왜 나는 자꾸 자존감이 내려갔을까? 나는 나를 다른 친구들과 비교하면서 자존감이 내려간 경우가 있었던 거 같다.

자존감에도 진짜가 있고, 가짜가 있다. 어릴 때부터 모든 면에서 칭찬과 인정을 받았던 나는 자신감이 넘쳤다. 그런데 그때까지는 자신감이 넘쳐서 진짜 자존감이 있는 것처럼 볼 수 있지만 사실 그 마음에 가짜 자존감이 있어서 남들을 만나면 스스로 비교하며 마음에서 줄을 세웠다. 아마 나는 중학교 때까지 그랬던 거 같다. 내가 심히 잘난 줄 알고 당당하고 자존감 있는 아이처럼 행동했다. 점점 자라가며 막상 나보다 잘난 많은 사람들을 만나고, 나보다 더 자신감 넘치고 잘하는 친구들을 보면 속으로 기죽었다. 잘나가는 친구 부러워하며 혼자서 마음속에서 잣대를 바르게 세우지 못하는 경우가 많았다. 가짜 자존감은 낮은 자존감과 같을 수 있다. 낮은 자존감은 언제든지 조그만 상처에도 스스로 무너진다.

실제로 마음속에서 늘 줄 세우는 것. 특히 나보다 못한 사람을 보면 무시하는 마음, 나도 모르게 가졌던 나의 감정의 패턴이 있다. 사람은 감정의 동물로 감정을 느끼는 것이라서 친구들에게 내 안의 감정을 들키지 않으려고 애를 썼다. 안쓰럽다. 그러나 친구로부터 이야기를 듣다 보면 내 행동에 대한 불만을 지적하고 있다는 것을 알게 되는 경우가 종종 있다. 자존감으로 무너지고 그 무너진 마음으로 또 살아내고 있다. 자신감과 자존감이 같은 것처럼 여겨지지만 같은 것이 아니다. 자신감은 보여지는 것, 남에게 듣는 것이지만 자존감은 스스로 갖는 나에 대한 규정으로 나는 언제나 스스로 비교하며 줄을 세우는 데 익숙한 삶을 살았다.

그러면서 친구들에게 조언하기 좋아하고 뭔가 결정해줘야 할 것이 있으면 전화나 수다를 하고 집으로 오는 길에 후회를 한다. 왜 나는 그랬을까? 반성하지만 또 그런 패턴의 인생을 살고 있다. 나와 가장 친한 친구와 감정을 나누는 기회가 많아서 서로 얘기를 하다가 그 친구의 의외의 말에 깜짝 놀라서 반성하고 잘난 것 없는 나를 알게 된 경우가 많았다. 진짜 자존감은 나도 살고 친구도 사는 것이다. 서로 다름을 인정하고, 그 친구의 장점을 칭찬하고, 그 친구가 있으므로 내가 있다는 것이 얼마나 좋은지 아는 것이다. 나는 진심으로 그 친구를 사랑하고 좋아하게 되었다. 나는 작은 키가 콤플렉스라서 마음을 생각하는 경우가 많았는데 그럴 때마다 나에게 공감해준 그 친구를 지금도 존경하고 사랑한다. 진짜 자존감으로 사는 것이라 느껴진다. 상대를 사랑하고 상대의 모든 것을 인정하고 아끼고 마음 깊이 좋아하는 것, 그러므로 나의 존재감을 더 느끼는 것이 진짜 자존감이라 여긴다.

나는 딸을 키우면서 아이 손 잡고 시장만 가도 한 영혼을 돌보는 엄마라는 사실이 정말로 행복하고 좋았다. 나에게 엄마의 기회를 준 나의 딸에게 감사해하며 행복하게 엄마로서 살았다. 한 영혼이 옆에 있고 작은 아이라서 아무것도 못 하지만 나를 바라봐주고 나와 눈 마주치고 웃어주는 딸로 인해 여자로서 엄마로서 행복했던 기억으로 인해 평생 그 아이는 나한테 할 효도를 다했다고 생각한다.

그러나 아들이 태어나면서 아이 키우는 것이 많이 달랐다. 한 번의 엄마 경험으로도 부족했다. 매일 병원을 가야 하고, 아이의 잔병치레는 끝이 없었다. 그때의 나는 긍정적인 삶을 살아내지 못했다. 늘 우울하고 남편의 부정적인 말, 남편과 조화롭지 못한 삶, 아이는 태어났지만 마음에서는 정말 원하지 않았다.

그 아이를 갖는 순간부터 제발 저절로 내 몸속에서 사라져주기를 심히 바랐다. 그래서 태어나면서부터 마음에서 밀어냈던 것 같았다. 그런 아들은 어릴 때 분리불안이 있어서 나를 떠나면, 내가 보이지 않으면 우는 아이였다. 유치원에 들어가기 전까지 늘 나를 떠나는 것을 불안해하고 많이 울었던 아들의 어린 시절에 나는 생각과 삶이 늘 안정적이지 못하고 뭔가 불안한 기분으로 살았다.

내가 나를 세우지 못했고, 내가 나를 사랑하지 못해서 그런 현상이 계속되고 있었다. 아무 경험도 없으면서 아이들 데리고 장사하겠다고 친구 따라 용기를 내어 신앙으로 살던 나는 그 신앙의 끈으로 버티고 살았던 거 같다. 남편이 불안정한 직장이라서 불안했고, 내가 집에서 경제생활을 하지 않은 게 불안했다. 뭔가 여유롭지 못한 경제적 사정이 나를 불안하게 했다. 그래서 나는 친구가 하고 있는 아이들 용품과 옷을 파는 가게를 인수하게 되었다. 그 친구는 늘 여유롭다. 내가 볼 때 그 친구만큼 용기 있고 따뜻한 사람은 없다. 그 친구로부터 나는 많이 배운다. 신앙생활을 하면서도 나는 언제나 나만 위해 내가 어떻게 해야 잘살지, 내가 어떻게 해야 여유 있는 삶이 될지를 늘 고민하고 기도하는데 그 친구는 달랐다. 자신은 잘될 거라고 믿고 있었다. 누군가로부터 그런 얘기를 들었는데 자신은 잘될 거라는 얘기를 나에게 들려주었다. 나는 그 친구의 얘기를 들으면서 교회에 다니지만 나도 그 사람의 얘기를 듣고 싶었다. 그렇지만 차마 양심상 물어볼 수 없었다. 특히 나 스스로 자신이 없었다. 좋은 얘기를 들을 거라는 자신이 없어서 그 사람을 찾지 못했던 거 같다.

오랜 세월이 지난 후 그 친구는 그 사람의 말대로 다 잘되어서 여유롭고 행복한 삶을 살고 있다. 나는 그때도 혼자 비교하며 모자란 자존심, 가짜 자존심을 붙들고 살았던 것이다. 이제는 진짜 자존심이 무엇인지 안다. 하나님이 나와 함께한다는 것을 아는 것이다. 나는 분명히 잘되고 하나님의 자녀인 인격체로서 존경받고 존경할 수 있는 내가 된 것이다.

오랜 세월이 지난 후 진짜 자존심을 깨닫기까지 많은 시간을 힘들게 겪어왔다. 지난 세월을 헛되게 보낸 것이 아니라는 것을 이제는 안다. 세상에서 불필요한 경험은 없는 거 같다. 모든 경험은 나를 성장시키고 내가 나로 돌아가는 과정이라고 생각한다. 태어나서 본 모습으로 돌아가는 것, 아이처럼 세상에 거침없이 울고 웃는 표현을 하는 것이 진짜 자존심이었다. 나도 그러기 위해 책을 쓴다. 마구잡이 아무거나 쓰는 것처럼 거

침없이 웃고 우는 대신 글로 나를 표현하고 있다. 아마 이것도 진정한 나의 자존심이 있기 때문에 가능한 것이다. 이제는 남을 존귀하게 여기고, 특히 남편과 아들과 가족과 나를 알고 있는 모든 나의 친구와 동시대를 사는 모든 사람에게 감사를 전하고 싶다.

나는 나의 사업장으로 오시는 분마다 존귀한 자로 작은 천사로 맞이하고 있다. 진심을 다해서 최선을 다해서 대한다. 어제는 전셋집을 구하러 오신 나이 드신 분이 계셨다. 전에는 아마 이런 생각으로 맞이했을 것이다. '세상에 그 나이까지 이런 전셋집을 구하다니.' 그 사람의 사정을 생각해보지도 않고 마음에서 이랬을 것이다. 이제는 아니다. 그분이 존귀했다. 그냥 하나님의 또 다른 모습이고, 또 다른 나의 모습이었다. 나도 나를 존귀하게 여기고 자존감 있게 살고 있다. 그래서 세상은 살 만하고 나이 먹었다는 것이 좋다. 행복하다. 자존감 있는 멋진 나의 삶을 더 아름답고 풍요롭게 만들 것이다. 멋진 나의 삶을 나눌 수 있는 그날을 위해 오늘도 파이팅!

나는 나를 사랑합니다.
나는 나를 존경합니다.
나는 나를 귀히 여깁니다.
나는 하나님과 동행하는 삶이 좋습니다.

8

한때는 나의 부족함이 모두 키에 있다고 믿었다

한때 나는 시인이 되고 싶어 한 적이 있었다. 2002년부터 우편취급국에서 근무했다. 손님이 없고 시간이 나면 플래닛이라는 나만의 아이디로 작은 공간을 가질 수 있었다. 그때 싸이월드도 유행했다. 다음에서 아주 잠깐 유행했던 플래닛이라는 곳에 나만의 시를 쓰고 나만의 생각을 담을 수 있는 것을 약 2년 동안 꼬박 했던 거 같다. 매일은 아니지만 나만의 가상 공간에 내가 좋아하는 그림, 내게 필요한 책, 좋은 글귀 등을 나름대로 가져와서 어린 왕자가 사는 작은 별처럼 예쁘게 잘 가꾸고 있었는데 갑자기 싸이월드가 유행하니까 플래닛은 시들해지고 모두 싸이월드에서 놀았다. 그때 싸이월드는 청춘을 중심으로 많이 유행하고 있었다. 직장인들이 자유롭게 오가며 작은 별을 예쁘게 가꾸고 사랑했던 그 공간은 어디론가 사라지고 없다. 나는 결혼해서 직장다운 직장을 다니지 않을 때 아르바이트를 이것저것 했다. 전자제품 가정판매원, 브랜드 옷 마무리하는 시다, 참치를 슈퍼에 진열하는 직원, 작은 회사의 경리사원, 일일 시식 권유 요원, 보험회사 시험 봐주는 사람 등 많은 일을 하며 살았다.

그중 특별한 경험 하나는 우리 아이들이 초등학교 저학년일 때 벌침을 배우겠다고 성남 야탑까지 갔던 일이다. 그때 벌침을 배우는 수강료가 꽤 비쌌는데 아르바이트해서 벌었던 돈으로 배우러 다녔다. 집에서 멀기도 하고 아이들 학교, 유치원 다녀오기 전에 다녀야 했던 나는 벌침을 배울 때의 포부가 컸다. 벌침을 배워서 집에 침대를 놓고 열심히 벌침을 놔줘서 돈을 벌면 선교도 하고, 내가 하고 싶은 거 많이 해야겠다고 기대했다. 하지만 어떻게 마무리가 되었는지 모르게 혈자리도 배우기 전에 배움을 그만두었다. 정말 많은 경험을 했구나.

여러 가지 일들과 다양한 경험을 했지만 무엇 하나 똑 부러지게 해놓은 게 없는 것이 내 인생이었다. 디 참치에 입사할 무렵 디 참치 본사에서 면접을 봤다. 젊은 엄마들이 많이 왔다. 우리는 자신의 근거지에 따라 주변의 대리점에 배치되어 일하게 되었는데, 나는 내가 사는 곳 가까이에 있는 대리점으로 출근해서 남자 직원이 슈퍼에 매일 납품하는 곳에 따라 다니면서 약 4~6시간을 일하는 것이었다.

대리점에 매일 출근을 했다. 약 3개월 동안 일했는데 본사에서 나에 대한 월급이 나오지 않는다고 했다. 그러면서 월급을 주지 않는다. 대리점 사장님이 나에게 그만두라고 해서 나는 그만두었다. 왜 그런지 알아봤더니 나는 본사로부터 지원을 받지 못한다는 거였다. 내가 먼저 거기로 출근하기 때문이라고 했다. 나는 대리점 사장님이 출근하라고 해서 한 것이었다. 본사에 가서 신고 겸 면접도 봤는데, 나는 사장님 믿고 출근했는데 월급을 주지 않는다는 대리점 사장님의 황당한 태도에 본사의 깐깐한 면접 여직원의 얼굴이 생각나면서 이해할 수 없는 상황이 되어 그만두었다. 어떻게 해야 월급을 받을 수 있을지 고민하고 동네 언니를 모시고 가서 많은 시간에 걸쳐 돈을 받았다.

그 무렵 이럴까 저럴까 많이 고민하며 살았다. 마트에 진열하러 다니면서 작은 키로 인해 혹시 높은 곳에 진열된 참치를 보면 다시 진열하고 넣는 것이 많이 불편하고 창피한 마음도 들고 일 못하는 것처럼 보일까봐 일을 어렵게 했다.

모든 원인이 나의 키에 있는 것처럼 여겨져서 직장을 구하지도 못하고 마음 졸이며 살고 있었다. 작은 키는 결혼한 후에도 나의 가장 큰 결점이 되어 나를 만들어가고 있으니 남들이 볼 때는 용감해 보인다고 하는데 내면에서는 늘 나의 발목을 잡고 있는 블랙홀이었다.

당시 남편이 또 집에서 쉬고 있으니 어디든 빨리 직장을 구하고 싶었다. 직장을 구하기 위해 벼룩신문을 가지고 와서 뒤진다. 그때는 인터넷이 없던 1990년대 후반 무렵 이력서를 써서 직장을 구했다. 인력회사 사람을 회사에 파견하고, 그 회사로부터 1명당 월급을 책정해서 받고 그 월급에서 매달 소개비를 떼어 사람을 모집하는 인력회사에서 경리 보조로 일을 하게 되었다. 어떤 회사에는 청소하는 분들, 어떤 회사에는 임시직을 모집해서 파견하는 규모가 그런 일을 하는 회사로서는 제법 괜찮은 곳에 회사를 다니게 되었다. 그 회사에서 약 6개월 정도 근무를 했다. 집으로부터 너무 멀고 아이들을 돌보기 너무 어려웠다. 하루 종일 일하는 것이 고단했다.

나의 온 마음과 생각은 아이들뿐이었다. 둘째 아들이 초등학교 1학년인데 늘 3학년인 누나가 동생을 돌보고 있으니 미안하고 힘든 마음에 직장을 정리했다. 아들과 딸의 엄마로서 살고 싶었다. 마음에는 온통 안 된다는 생각과 부정적인 마음을 잔뜩 가지고 살던 시절이었다.

동네에 작은 전셋집에 살면서 드디어 동네에서 아줌마들끼리 수다하는 시간이 있었다. 끼리끼리 모여서 또래 아이들끼리 놀게 하고 수다 삼매경에 빠져 살았다. 수다의 모든 주제는 신랑의 욕, 시댁의 처사 모두 똑같다. 난 수시로 벼룩신문으로 직장을 구할 연구를 하고 있었다. 작은 키라서, 내 능력이 부족해서 경력 단절된 나는 사회로의 진출이 막막하고 어렵다고 여겼다.

그럴 때면 나는 작은 키에 나를 붙잡고 있었다. 남들처럼 키라도 크고 몸이 크면 무엇이든 할 수 있는 일이 많을 텐데 지금처럼 인터넷만 발달되어 있어도 조금은 다르겠지만 집에서 놀면서 나는 컴퓨터 자격증을 따겠다고 복지관에 다녔다. 복지관에서 도스에 대해서 강의를 듣고 오면 집에는 컴퓨터가 없어서 실습도 못 하고 이해도 되지 않은 채 3개월의 수강을 마치기도 했다. 늘 새로운 것을 배울 때는 또 다른 세계를 꿈꾸는데 배움으로 끝나는 그때의 컴퓨터 수강은 지금도 실망스럽고 안타깝게 남아 있다.

뭔가 내가 작은 키만 아니어도 될 거 같은 마음이었다. 그런데 늘 나의 작은 키로 뭔가 이룰 수 없는 것들, 암담한 미래만 보일 뿐이었다. 그때 제대로 방향을 잡을 수 있는 나였다면, 마음이 제대로 컸더라면 얼마나 좋았을까? 다른 삶이 펼쳐졌을 것이다. 안타까운 내 인생이 마음 아프게 한다. 그때 더 좋은 책을 많이 읽었으면 좋았을 텐데 거의 신앙에 관한 서적만 많이 읽었다.

발전 없는 하루를 만들었던 거 같다. 직장도 없다. 돈벌이도 없다. 그래서 나는 기도하러 다니는 전도사님 따라서 산 기도를 다녔다. 밤에 삼각산에 12시에 도착해서 새벽 4시까지 산에서 기도한다. 무서움을 떨치고 기도하는 것이다.

삼각산 입구에서 첫차를 타고 집에 오면 새벽 6시. 눈 오는 깜깜한 밤에도 쉬지 않고 기도꾼 8명 정도 모여서 기도하러 다녔다. 그때는 거의 3개월을 그렇게 살았다. 일주일에 3~4번 정도 다녔다. 산 기도를 하고 와서 아이들을 학교 보내고 잠을 잤다. 저녁에 기도하러 가기 위해서. 이때는 행복했다. 나의 외모로 하나님을 만나는 것이 아니기 때문에 좋았다. 열심히 기도하고 예배하고 종교에 미친 사람이 되어갔다.

날마다 예배하러 전도사님 댁에 갔다. 집을 예배 처소로 삼고 기도를 하는데 외부에서 은사 많으신 목사님을 모셔 와서 기도도 받고, 참 종교가 무섭다는 생각을 지금 와서 생각하게 된다.

한 목사님의 기도를 받겠다고 방으로 들어간다. 그런데 남자 목사님이 누워서 기도를 받으라고 하신다. 그때는 반항도 없고 순수해서 누워서 기도를 이렇게 받아야 하나 보다 하는 생각으로 별 두려움 없이 기도를 받고 나온다. 두 팔을 위로 하고 누워서 목사님이 옆에서 방언으로 기도해주실 때는 행복했다. 그리고 나를 위한 온전한 기도에 감사했다.

그런데 무서웠다. 뭔지 모르지만 무섭고 싫었다. 그래서 난 교회에서 목사님 기도를 받는 것은 하지 않았는데 이후 소문에 따르면 그 목사님이 다른 여자 성도를 어떻게 했다는 얘기가 들리기도 했다. 종교를 빙자한 어이없는 일이었다. 지금 생각하면 알지 못하고 지혜 없음이 본인을 망치고 본인을 비롯한 주변을 망치는 것이 맞는 얘기다.

나는 키가 작았기 때문에 그때 목사님의 타깃이 되지 않았다고 가끔 생각한다. 키가 작아서 유리한 것도 있었다. 그래도 언제나 작은 키는 나를 머뭇거리고 우물쭈물하게 하는 블랙홀이 되어 힘들게 했다는 것은 너무나 분명히 알고 있다.

살면서 삶의 부족함이 드러날 때가 참 많지만 그 부족함과 불편함이 드러날 때마다 항상 나는 내 키를 지목하고, 그것을 한이라고 생각하며 살았다. 뭔가 핑계하고 그 핑계의 타깃이 있으니 어떤 일을 하다 포기하더라도 스스로 위로가 되고 좋았다. 언제나 인생은 긍정의 결정판이다. 부정 속에서도 긍정으로 살았던 나는 작은 키 때문에 지금의 행복을 누리고 살고 있다. 그때 그 핑계로 살았던 나를 이제는 맘껏 칭찬하고 사랑해주고 싶다.

그때의 나를 소환해서 이렇게 말해주고 싶다.

"그래 잘했어. 그렇지. 모든 것은 합력하여 선을 이루니까 멋지게 비상하는 날들을 만들어보자. 지금 이 책은 나에게 날개를 달아주는 거야. 사람은 누구든지 다 부족함투성이 콤플렉스 투성이지. 그래도 살아 있는 동안에 감사하고 행복하게 지혜롭게 살 수 있어. 나는 나를 사랑해. 나는 나를 알아. 머리에서 알고 있던 나는 가슴으로 알아가고 있어서 좋아. 나를 맘껏 사용해보자. 감사해. 축복해. 사랑해."

3 장

나는 괜찮다,
사랑받아 마땅한 사람이다

1

나는 괜찮다, 사랑받아 마땅한 사람이다

〈당신은 사랑받기 위해 태어난 사람〉이란 노래를 들어본 사람은 많을 것이다. 이 노래는 처음에 찬송가였는데 많은 분들이 사랑받기 위해 태어난 사람이라는 것을 모르니까 여기저기서 많이 불리고 있다.

그런데 진정으로 본인이 사랑받고 있다는 것을 느끼는 사람이 몇 명이나 있을까? 세상에 처음 태어났을 때는 아무것도 할 수 없는 아기였다. 그 어린아이는 가족 구성원 모두의 관심이었고, 사랑의 꽃이었다. 그 아이는 자기가 태어난 존재를 알리려는 듯 소리 내어 우는 것이 의사 표현의 전부였다. 배고프면 울고, 똥이나 오줌 싸면 울고, 우는 것으로 자기 자신을 드러냈다. 의사 표현이 그거 하나였다. 그러면 엄마는 모든 신경이 아기에게 있으므로 배고픈지, 똥을 쌌는지, 오줌을 쌌는지 정확하게 알아 아이를 돌본다. 그래서 엄마는 하나님을 대신한 아이의 수호신이라 하지 않던가.

아이의 일거수일투족을 잘 관찰하고 세상에 존귀한 자를 맞이하는 마음으로 아이를 키웠다. 그래서 그런 노래가 있다. "진자리 마른자리 갈아 뉘시며 손발이 다 닳도록 고생하셨네" 그 노래를 불러보면 가슴 절절하게 엄마의 사랑이 느껴질 때가 있다.

여자인 나는 결혼을 해서 엄마가 되고 보니 더 실감했다. 불면 날아갈까 까불면 넘어질까 마음을 다해서 아이를 키우면서 친정엄마 사랑이 생각나면 마음에 감동이 밀려왔다. 엄마의 수고로움으로 이제는 성숙한 어른이 되었다. 마음은 성숙했지만 몸은 자라지 않은 작은 여인으로 살아왔다.

나는 어릴 때부터 신앙생활을 했다. 작은아버지가 목사님으로 찬송가를 부르며 동네 어르신들 몇 분 모여서 찬송하고 예배드리는 집에서 맛있게 나온 간식에 마음이 끌렸다. 그래서 작은 집에 놀러가서 예배를 드리고 찬송가를 부를 때는 작은 아이였지만 행복했다. 그러면서 예수님의 사랑에 저절로 몸과 마음이 끌려갔던 것 같다.

중학교 3학년 때에는 교회 가까운 곳에 살게 되었는데 새벽마다 벨 소리에 눈이 떠져 저절로 교회 가서 새벽 예배를 드렸다. 예배는 새벽 4시 30분에 시작했다. 중학교 3학년 한 해는 새벽예배를 쉬지 않고 드렸다. 그랬더니 공부가 더 잘되었고 원하던 금장 뺏지도 받을 수 있었다. 학생들에게 시험을 치르고 나면 학업 성취도 평균 점수에 따라 금, 은, 동장 뺏지를 학교에서 주었다. 다음 시험이 있을 때까지 교복 이름표 옆에 차고 다니며 친구들의 학습 성취를 자랑하고 칭찬해주는 학교의 정책이었다. 금장을 받은 친구들의 모습이 가장 부러웠다. 동장 은장은 늘 받았지만 금장이 진심으로 받고 싶었는데 드디어 받게 된 것이다. 금장을 받게 된 것은 지금도 하나님의 은혜라고 생각한다. 그때는 하나님의 은혜로 공부가 저절로 되는 기분이었다. 지금도 그때가 내 생에 가장 돌아가고 싶은 시절이다.

몸은 아기 같고 브래지어도 하지 않은 채 중학교 3년을 지냈다. 드디어 중학교 졸업 후 고등학교로 진학하는 나는 시골에서는 남부럽지 않게 자랐다. 키가 작은 줄도 몰랐다. 키에 대한 콤플렉스를 느끼지 못했으며 나 잘난 맛으로 살았던 것 같다. 그 시절 아버지는 면사무소에 계장님으로 일하고 계시고, 늘 오토바이를 타고 다니셨다. 이 마을 저 마을로 출장 다니시는 길에 아버지를 만나면 친구들과 아이스크림을 같이 사먹으라고 돈을 주셨다. 그 시절 나의 자존심은 하늘을 찌를 듯 했다. 그때의 그 마음이 언제 사라졌을까? 나는 나의 키 작음을 실감하며 언제부터 그런 생각으로 살았는지를 가끔 생각해본다.

　고등학교를 다닐 때부터 나의 자존감은 자꾸 내려갔다. 같은 또래 친구들의 학습 실력과 비교했을 때 중하위권에 있는 성적이 내 마음에서 용납이 안 됐다. 스스로 화가 나고 견딜 수 없는 학교생활이었다. 이거 하려고 여기 학교에 왔나 하는 마음이었다. 공부를 죽어라고 해도 늘지 않은 주산 실력이었다. 머리로 하는 부기는 하겠는데 기능이 따라 주지 않은 주판 급수와 타자 급수는 별 진전이 없다. 학교에서 매일 아침 자습 시간에 주판 실습 연습을 1시간씩 하고 정규 수업을 했다. 그 시간이 지겨웠다. 나의 손가락은 농사짓기에 편한 개구리 같은 손가락으로 주판알이 두꺼운 손가락에 걸려 정교함이 부족해 오답이 나왔다. 그래도 가랑비에 옷 젖듯이 조금씩 급수를 늘려가서 어느새 1급 책을 가지고 연습하는 내가 스스로 대견했다. 주산 최하위 급수 8급부터 시작해 평균보다 앞선 1급 공부를 하고 있다. 맨 하위 급수부터 시작해서 1급까지 온 사람은 반에서 나밖에 없었다.

　친구들과 잘 어울리려고 애썼지만 친구들은 키가 작다고 나를 잘 끼워주지 않는 거 같았다. 나는 항상 작은 키가 힘들었다. 자신감, 자존감, 자긍심 모두 나를 송두리째 삼켜버린 것 같았다. 공부를 못함도 학교생활에 적응을 못함도 모두 작은 키 때문이라는 생각을 했다. 제대로 신앙생활을 했다면 그런 마음 없이 잘 살았을 텐데 도시에 나와서 주일마다 시골에 엄마한테 가는 나는 예배를 드릴 시간이 없었다. 교회를 같이 다니는 친구가 없어서 3년을 교회 다니지 않고 졸업을 했다. 졸업을 하고 자취를 하면서 마음이 무거웠다. 어느 날 갑자기 두려움이 엄습했다. 그래서 교회를 자취집 가까운 곳에 정하고 예배를 드리는 아주 얄팍한 신자가 되었다.

그때 나는 교회에 다니는 얄팍한 신자 같았다. 교회에서 성도들과 깊은 교제도 없이 혼자 주일 예배와 수요 예배, 새벽 예배를 드리는 교회 생활을 보면, 중학교 때 나를 인도하신 하나님의 사랑을 회복되지 못한 멋 부리는 신자 같았다. 중학교 때 새벽 예배를 통해서 은혜를 많이 받았으니까 새벽 예배가 가장 좋았다. 직장을 다니면서 자취집도 여러 번 옮겼다. 그래도 새벽 예배는 쉬지 않고 다녔다.

직장 다니기 싫은 6년차일 때 어느 가을날, 나는 남편과 중매로 결혼을 했다. 남편과 신혼부터 힘든 힘겨루기가 있었다. 남편은 폭언과 폭력으로 나를 짓누르기 시작했다. 그때 내가 살길은 하나 밖에 없다는 생각으로 열심히 신앙생활을 했다. 신혼 초창기 교회에 가면 많이 울었다. 울고 나올 때면 항상 하나님의 따뜻한 위로와 사랑에 세상을 살아갈 수 있을 것 같았다. 내가 결혼을 위한 결혼을 택했다는 것을 알았다. 서울이 좋아 서울 사는 남자 만나서 서울로 시집온 나는 진짜 인생이 이것이라는 생각을 했다.

결혼은 결혼식 하는 날만 낭만이 있고, 신혼여행을 다녀와서부터는 너무나 현실이었다. 날마다 남편이 남과 비교하며 나를 힘들게 한다. 자기주장을 내세우며 남편이 소리 지른다. 아주 사소한 단어 하나 가지고 꼬투리를 잡아 거친 말과 고성으로 나에게 말한다. 그러면 나는 비판하는 마음이 가득하니까 남자가 쪼잔하다고 한마디 하고 싶지만 말을 하지 못한다. 마음에 깊은 상처가 느껴졌다. 엄마로부터 인정받지 못하고 자란 성숙하지 못한 남편을 마음에서 많이 정죄하고 미워하며 살았다. 내 안에 남편 마음을 헤아릴 마음의 여력이 없었다. 남편은 남자라고 완력과 폭력과 폭언을 쉽게 사용했다. 그러면 나는 내 삶이 너무 불쌍하고 키 작은 내가 너무 미웠다. 이 키 아니면 남편 같은 사람이랑 살지 않았고 결혼도 하지 않았을 텐데 이러지도 저러지도 못하며 내 연민으로 세상을 다 잃어버린 마음으로 살았다. 그래서 가끔 자살도 생각했다. 남편이 시댁 식구들과 상의하는 것도 싫었다. 나는 맏딸이다. 그래서 그런지 결정은 언제나 씩씩하게 혼자 잘했다. 무엇이든 결정을 할 때마다, 예를 들어 사촌이 결혼을 하면 축의금을 얼마를 내야 적당할 것인지 등등 시누이에게 묻는 남편의 태도가 나를 화나게 했다. 그래서 난 늘 남편을 시누이 보이라 했다. 마마보이는 있어도 시누이 보이가 있을 줄이야.

나는 엄마와 아버지의 기대로 결혼을 해서 살고 있었다. 그러나 결혼
생활이 너무 버거웠다. 남편을 좌지우지하는 시누이들과 시어머님의 모
진 말들로 인해 나의 정신과 몸은 지쳐갔다. 내 평생 성인이 된 후로 가
장 적은 몸무게 42kg이던 시절이었다.

나는 신앙이 아니었다면 삶을 살아내지 못했을 것이다. 하나님을 통해
서 나는 거듭나게 되었고, 아무것도 아닌 나를 위해 십자가를 지신 예수
님의 사랑을 깨달은 후 나는 스스로 괜찮은 사람이며 사랑받아 마땅하다
는 것을 알게 되었다. 모진 결혼생활을 통해 나는 하나님 앞으로 한 걸음
더 나아가고 있었다. 그럴수록 남편은 나에게서 점점 멀어져갔다. 나는
작은 키로 인해 짓눌렸던 마음을 회복하고 강건하게 되었다.

결혼 3년차일 때 딸아이가 태어났다. 나는 아이를 키우면서 점점 괜찮
아졌다. 나의 손길을 필요로 하는 작은 꼬물이가 있었다. 나 스스로 하늘
같은 존재처럼 여겨졌다. 한 영혼을 키운다는 것이 스스로 인간으로 살
아가는 자부심을 느끼게 해주었다. 내 딸은 나도 살리고 가정도 살렸다.
나는 아이와 함께 나도 성장하고 있었다. 나의 영혼은 존귀하고 고귀했
다. 나는 지구와 같은 존재이고, 나의 어머니가 정성을 다해 키운 이 땅

의 사랑받아 마땅한 딸이었다. 나는 그 마음을 가지고 내 딸을 키웠다. 그래서 그런지 내 딸은 어디에서든 당당하고 존귀한 자라는 것을 알고 있는 것 같다.

혹시 콤플렉스로 인해 힘들거나 자기 연민에 빠져 있는 분이 있다면 큰 소리로 외쳐보자. "나는 사랑받기 위해 태어난 사람이야." "나는 괜찮아." "나는 하나님의 자녀로서 사랑받아 마땅해." 더 축복해주자. 하나님은 우리 영혼을 창조하셨다. 그 영혼의 존귀함을 스스로 느껴보자. 잠깐 눈을 감으면 세상이 보이지 않는다. 내가 세상에 없으면 지구도 없다. 그래서 우리의 생명은 지구와 같은 존재다. 그러니까 행복한 마음으로 신나게 살자. 우리는 세상에 존재만으로 사랑받아 마땅하다. 우는 언어가 아닌 진실한 마음의 기도로 요구해서 하나님의 사랑을 차지해보자. 지금 당장 어린아이 같은 마음으로 기도하자. 반드시 이루어진다. 우리의 멋진 엄마 같은 수호천사가 지금 여기에 있으니 맘껏 요구하자. 오늘이 최고의 날이다. 다시 외치자. "나는 괜찮아, 사랑받아 마땅해!" 100번을 강조해도 지나침이 없는 말이다.

2

나는 오늘 행복하기에 그것으로 충분하다

당신은 오늘 행복한가? 아니 행복하게 지낼 수 있다고 생각하는가? 행복은 어떤 것이라 생각하는가? 이 질문에 '네'라고 대답할 사람 몇 명이나 있을까? 대부분의 사람들은 무엇인가 조건이 갖춰져야 행복하다고 생각한다. 예를 들면 돈이 많았으면, 돈 걱정 없이 살았으면 또는 건강했으면 또는 하고자 하는 소망이, 취업이 또는 자신의 바람이 이루어졌으면 하는 것들로 행복을 찾고 있다. 그런데 생각해보면 우리는 날마다 행복하게 살 수 있다. '소확행'이란 말도 있듯이 소소하지만 확실한 행복을 누릴 수 있다. 소확행이라는 말이 귀에 들리기 시작한 지 채 5년도 안 되었지만 모두 소확행에 동참하며 자랑을 한다. 진짜 소확행이라도 누리고 살아서 좋다. 하지만 나는 죽음과 부정과 슬픔의 나날을 보내는 것이 일상이었던 거 같다. 아마 행복한 삶이 나에게 왔을지라도 모르고 살았을 것이다.

그래서 인생을 통틀어 생각해보면 행복한 날이 그리 많지 않았고, 그때는 이래서 슬펐고, 그때는 이래서 마음이 아팠고, 그때는 이래서 상처를 입었다고 자신의 아픔만을 가슴과 몸에 지니고 살고 있었다. 그러다가 나를 차츰 바꿀 수 있는 기회를 맞이하게 되었다. 2019년 5월 어느날 직원과 많은 갈등으로 인해 직장을 그만두고 집에서 쉬면서 나를 돌아보고, 나와 같은 친구들의 삶을 재조명해보며, 이렇게 어렵고 힘들게 살도록 나를 내가 만들었다는 것을 알게 되었다. 책과 말씀을 통해서 모든 나의 삶의 환경을 내가 만들었다는 것을 알게 되면서 놀랐다. 아니 무서웠다. 앞으로도 남은 인생을 부정으로 살아가게 될 걸 생각하면 무섭고 두려웠다. 그래서 나는 나를 바꾸기로 했다. 그런데 나의 몸에 장착된 삶의 관습이 쉽게 나를 놓아주지 않는다.

긍정의 말로, 감사의 말로 채우려고 노력했다. 환경은 변하지 않았지만 나의 마음은 조금씩 바뀌었음을 알 수 있었다. 스스로 내가 대견했다. 그 무렵 남편의 실직으로 날마다 집에서 마주하는 남편을 오랫동안 미워하고 저주하며 불만이 마음에 쌓여 있었다. 그런데 어느 날 남편이 조금씩 불쌍해 보이고 그 부정의 시선을 거두어가고 있었다. 나는 조금씩 인간으로 성장하고 있었다. 인간으로 살아야 마땅한데 이제야 인간이 되어가고 있다니 세월이 그저 흐른 게 아니라는 생각을 한다. 나는 날마다 카운터기를 들고 '감사합니다'를 만 번씩 외쳤다. 범사에 감사하라고 하신 예수님의 약속의 말씀을 붙잡고 날마다 감사하려고 애쓰며 살았다. 그래서 환경을 대하는 나의 관점을 바꾸고, 나에게 부정적 영향을 주었던 친구들을 멀리하며 살았다.

인간으로 사는 것이 쉽지 않음을 알게 되었다. 교회에서 여전도 회원들의 예쁘게 살아가는 모습을 보면 부러운 생각이 멈추지 않고 나의 작은 마음이 도드라져 보이고 내가 나를 더 모자라게 본다. 인생의 길에서 남편을 선택한 사람도 나이고, 남편의 모습이 나의 기대 없는 모습이었기에 나의 선택이었다는 걸 이제는 알고 있다. 그래서 나는 남은 미래를 두려움에 맡기지 않으려 한다. 이제 나의 생각을 바르게 하고, 선택을 제대로 잘해서 행복한 대본을 쓰려고 한다. 대본을 제대로 써서 오늘 하루 행복하게 살았다고 자랑하고 싶고, 나도 했으니 당신도 하라고 말하고 싶은 하루를 만들려고 지금도 노력 중이다.

오늘도 직장을 향하면서 한 사람 한 사람 축복의 마음으로 바라보고 있다. 실제로 마음으로 축복하고 지나친다. 건강하지 못한 분을 마주치면 건강이 회복하기를 축복한다. 혼자서도 마음을 나눌 수 있어서 좋다.

오로지 내 생각 안에 갇혀 미래에 대한 두려움과 불평불만으로 날마다 지옥처럼 살았던 나는 이제 기쁨과 풍요와 감사로 채우고 있으니 성공한 사람이다. 하나님이 나를 사랑하신 목적을 이제야 드러내고 살고 있으니 기다려주신 하나님께도 감사하다. 친구들과 식구들 그리고 남편에게도 고맙다. 남편이 아니면 지금의 이 기쁨을 몰랐을 텐데 기쁨과 감사를 알게 하고, 긍정의 삶을 알게 해줘서 고맙다. 남편을 보면서 많이 깨닫게 되었다. 나의 거울처럼 부정으로 살고 있는 모습을 정말로 정리하고 싶었다.

나는 누구라도 변하려고 하면 길이 보이고, 또 좋은 사람들이 옆에 기다리고 있다는 것을 알게 되었다. 긍정의 사람들을 만나도록 누구 하나 도와주는 이 없었지만, 책을 읽고 점점 긍정의 사람을 찾아가는 나는 이제 행복하다. 모든 사람은 생김새가 다르고 성격과 바탕이 달라서 어떤 사람은 빨리 깨닫고, 어떤 사람은 늦게 깨닫는 거 같다. 신묘막측한 인생이다. 늦게 깨달은 만큼 자신의 인생을 마이너스로 만들었을 것이고, 빨리 깨달은 만큼 플러스 인생을 만들었을 거라는 것은 진리 중의 진리이다. 누가 행복을 가져다주는 것도 아니고, 내가 행복을 선택해서 사는 것이다. 오늘 하루 행복을 누릴 수 있는 나는 진정한 행복꾼이다.

어떤 사람이든지 최고의 경지에 이르는 사람을 꾼이라 한다. 그런데 나는 행복꾼이다. 행복의 최고의 경지를 날마다 누리고 살기에 행복꾼이라고 말하고 싶다. 행복꾼이 되어보면 날마다 입가에 미소가 멈추지 않는다. 아무리 힘들어도 행복의 끈을 놓지 말자. 아무리 지쳐도 마음에서 웃을 수 있는 여유를 억지로라도 만들어보자. 거울 속의 자신에게 수고했다고 미소로 한번 격려해주자. 진리는 변함이 없다. 진리가 우리를 자유케 한다. 나도 진리 안에 자유를 누리고 행복을 맛보는 통쾌한 삶을 알게 되니 하루가 행복한 걸 자랑하지 않을 수 없다. 우리가 내면의 끈을 굳게 잡고 흔들림 없는 마음으로 살아보면 하루의 행복은 저절로 주어질 것이다. 그러니 오늘 하루만 행복하자고 외치며 오늘 하루를 견디며 살자.

코로나로 인해 생활의 패턴들이 바뀌었다. 자영업자들은 장사가 되지 않는다고 힘들어하고 무언가 환경을 누르는 것처럼 여겨진다. 나도 부동산 사무실에서 일하면서 들어오는 손님 만나기가 쉽지 않지만 그래도 문을 열고 날마다 대기한다.

춘향이 이몽룡을 기다리듯이 멋진 도령이신 몽룡 손님이 오시면 더 행복하겠지만 오시지 않아도 세상이 행복으로 가득하게 보인다. 덩굴 장미들이 만발한 요즘 그 덩굴 장미들이 우리를 위로한다. 파릇파릇했던 새싹이 어느새 청소년이 되어 우리를 응원한다. 큰 나무들이 세상을 살아

보면 이런 때도 있고 저런 때도 있다고 그러니 웃으면서 잘 살아보라고 나에게 말한다. 돈은 마음의 크기만큼 올 거니 걱정 없이 신나게 웃으면서 행복을 장착하고 살아보라고 위로한다. 나는 행복한 행복꾼이다. 멋진 하루를 나처럼 행복하게 살아보자. 맞다. 오늘은 어제 하늘로 떠난 이가 그렇게 살고 싶어 하는 날이다. 그러므로 오늘 하루 행복만 클릭하며 살아보자. 파이팅!

3

불필요한 자책과 자기 비하는 하지 마라

"'불필요한 자책과 자기 비하' 대표 주자 나와보세요." 하면 누가 나올까? 아마 한국에 살고 있는 모든 루저들이 나오지 않을까? 루저는 알고보면 우리가 쓰면 안 되는 말이다. 스스로 루저라고 말하지 않아야 한다고 생각한다.

살면서 좋은 말, 좋은 글을 많이 들려주면 좋은데 부정적인 말, 부정적인 글을 몸에 붙이면 그 단어가 나를 지배하고, 그 지배로부터 자유를 얻기까지 시간을 낭비하고 살아야 한다.

요즘 나의 마음을 가장 아프게 했던 단어는 '문재앙'이었다. 코로나 전에 많은 임대인들, 특히 70세 넘으신 어르신 할머니들이 카카오톡을 공유하며 '문재앙'이란 말을 스스럼없이 들려주고 주고받은 모습을 많이 봤다.

나는 공인중개사로 서울에서 일을 한다. 서울 변두리쪽 산이 가까운 곳에서 일하는 중개사라서 한가함이 날마다 넘친다. 그래서 임대인들이 오셔서 자신의 삶을 공유해주시고 자신들의 생각을 나눠준다. 작년 어느 날부터인지 광화문에 할머니 할아버지들이 많이 모여서 집회를 할 때 이 지역에 사시는 할머니 몇몇 분도 많이 참석하셨다고 했다. 그분들의 모든 유튜브와 카카오톡은 모두 집회에 관련된 것이고, 문 대통령의 비방 글과 문재앙이라는 별명도 알려주셨다. 그 단어를 처음 들을 때 섬뜩했다.

나는 하나님이 이 세상을 말씀으로 창조하셨다는 것을 안다. 아니 실감한다. 영적인 존재인 우리나라 어른들이 '말조심해라, 말이 씨가 된다'고 가르치셨을 것이다. 그런데 우리 할머니 어르신들이 쉽게 '문재앙'이라고 하는 모습을 보니 마음이 아팠다. 들어주는 것만이 나의 역할인지라 대꾸도 수정도 못 해드리고 아쉬웠다. 그렇게 지내던 어느 날 우리는 진짜 재앙을 만났다. 코로나보다 우리의 삶에 영향을 주는 재앙은 내가 살면서는 없는 거 같다. 감기인 것처럼 들어와서 가까이에 있는 사람에게 쉽게 전염시키는 이 병은 우리나라를 재앙으로 몰고 가서 표면상으로 많은 환자를 발생시키고 환경을 바꾸고 많은 자영업자와 세상의 모든 틀을 바꾸고 이 땅을 휩쓸고 있다.

말이 씨가 된다는 말을 실감한다. 그래서 나는 말을 함부로 하는 것을 무서워한다. 두려워한다. 말에는 생명이 있고 씨가 있어서 씨앗처럼 옥토를 만나면 스스로 성장하고 성장해서 60배, 100배, 1,000배의 결실을 맺는다. 난 요즘 진짜 확신에 찬 말, 긍정의 말, 예쁜 말, 사랑의 말만 하고 싶어서 노력한다.

어제는 친구를 3개월 만에 만났다. 코로나로 서로 연락 없이 살았는데 코로나는 전화도 하지 못하게 하는 능력이 있었다고 서로 웃으면서 근황을 나눴다. 그동안 그 친구는 새로운 동네로 이사를 가기 위해 새로운 집을 장만해서 간다고 들떠서 걱정하며 지낸 얘기를 했다. 잠깐 안 봤다고 생각했는데 벌써 3개월이 지났다. 요즘 흔히 1년이면 강산도 변한다고 하는데 이제는 3개월이면 친구도 변하는 세상에 살고 있다는 것을 실감했다.

언제나 긍정적인 뉴스는 전하지 않는 우리의 시대는 부정만 듣게 되고 안타까운 소식만 뉴스로 듣는다. 본 것은 더 무섭다. 들으면서 안타까운 마음, 화난 마음, 욕해주고 싶은 마음을 가슴에 담는 것이 우리의 아침 일상이다. 그러면서 불필요한 자책으로 자신도 모르는 자기 비하와 자책을 마음에 장착하는 우리다. 나는 그랬다. 그런데 성공자들의 책을 읽고 유튜브를 보면서 그들은 절대로 부정의 뉴스를 보지 않으며, 아침 일찍부터 마음에 부정을 담지 않는다는 것을 알게 되었다. 그래서 성공했고, 그래서 긍정의 탄력으로 긍정의 순환으로 성공의 자리에 있음을 알았다. '역시 성공자는 마인드부터 달랐구나.' 그래서 나는 지금부터라도 아침 뉴스에 귀 기울이지 않으려 한다. 내가 듣고 싶은 것만 찾아 들으며 부정적 뉴스는 가급적 피하려 애쓴다. 우리의 모든 걱정과 근심은 나도 모르게 나를 부정으로 몰아왔기에 나도 모르게 부정에 초점 맞추어 살면서 그런 것이 당연한 것처럼 살아왔다는 것을 알게 되었다.

부정과 자기 비하 또는 불필요한 자책은 나를 더 큰 불행으로 몰고 간다. 생각은 나도 모르게 나를 몰고 간다. 내가 생각하지도 않은 곳으로 그렇기 때문에 생각을 제어할 수 있어야 하는데 생각을 제어하기가 어렵다. 생각은 무의식 가운데 많이 습관화되어 있고 관습화되어 있어서 나도 모르게 자동으로 장기를 관리하듯 나의 생각이 나를 이끌고 있음을 알게 되었다. 생각의 생각을 하게 되니 차츰 하루의 생각의 흐름을 알게 되고, 그 흐름 가운데 부정의 흐름을 잠깐 하고 몰아내고 긍정의 생각을 채웠다. 그렇게 많은 시간을 반복하고 반복하다 보면 나도 모르게 나오는 노래가 있었다. 그 노래는 힘이 있는 긍정의 찬양이고, 나도 모르게 춤을 추게 한다.

진실로 자신의 사명도 깨닫지 못하고 자신의 사랑도 느끼지 못하고 자신이 이 땅에서 누려야 할 복도 제대로 누리지 못하는 것을 운명처럼 여기고 살아가는 많은 사람들이 있다. 모든 사람이 거의 운명처럼 여기고 사는 경우가 많을 것이다. 나 또한 그리 살았다. 예수를 믿고 교회를 다니니까 운명을 믿지 않는다고 말은 했지만 마음 깊은 곳에서는 엄마가 어디서 듣고 알려주는 말, 친구들이 어디 다녀온 얘기에 귀 기울이며 나도 누구나 가는 그곳에 가보고 싶어서 귀 기울인 적이 많았다.

솔직히 자신의 운명을 알고 싶지 않은 사람이 있을까? 그때는 내가 얼마나 존귀하고 하나님의 자녀로서 위대한 자인지 모르기 때문에 그렇게 하고 싶고 방황도 했다. 이제는 진심으로 알게 되었다. 내가 하나님의 완전한 자녀로서 이 땅에서 누려야 할 많은 사랑과 존귀함이 있다는 것을 더 깊이 알게 되었다. 그래서 나는 좋다. 나의 위치와 삶을 알기에 좋다.

이 책을 쓰고 있는 이 시간도 행복하다. 이런 기회를 마련해준 '한책협' 김도사님과 권마담님 또 스탭진 여러분에게 진심으로 감사하다고 전하고 싶다.

보통의 사람은 늘 자기를 생각보다 작게 여기고 작게 본다는 사실을 들려주시던 권마담님의 얘기가 생각이 난다. 나도 나를 아주 작은 점 같은 존재로 여기며, 이 세상에서 점 같은 존재로 왔다가 사라지면 그만이라고 늘 생각했다. 먼지처럼 쓸모도 없이 왔다가는 삶의 길이라 생각했다. 그러던 생각이 긍정과 사랑과 축복의 아이콘 '한책협'을 만나서 변했다. 대한민국에 있음이 축복이다. 나는 축복받았고 또 사랑받았다. 하나님의 섭리가 아니라면 그 자리에 가지 못했을 것이다. 하나님의 큰 사랑이 나를 이끌고 계심도 안다.

나는 진정으로 자기 비하에서 벗어났고 자책하지 않는 내가 되었다. 사랑하는 존재로 나를 기쁘게 하는 것을 최우선으로 생각하고 사는 멋진 작가가 되어가고 있다. 독자에서 작가로 내 책을 읽고 있을 한 분 한 분 미리 축복하고 싶다. 세상에서 축복의 길, 사랑의 길만 걸으며 살아가자. 책을 읽으신 모든 분의 삶에 늘 꽃길만 있길 기도하는 마음으로 이 책을 쓴다. 멋진 삶을 응원해본다. 스스로 한번 어깨에 손을 얹고 토닥여보자. 자신이 얼마나 귀하고 존귀한 존재인지를 깨닫고, 우리의 영혼이 잘됨같이 범사가 잘되고 부유한 삶을 누리며 살게 될 나를 맞이하자.

4

나만큼 나를 이해해주는 사람은 없다

내가 생각하는 만큼 나를 이해해주는 사람은 없다. 맞다. 나는 100% 공감한다. 나부터 친구의 이야기를 들으면 깊이 공감하지만 오는 길에는 금방 그 친구의 사정은 잊어버리고 어느새 내 생각에 잠길 때가 많은 거 같다. 그만큼 타인을 이해한다는 것은 어렵다. 같은 엄마 밑에서 자랐어도 기억이 나름대로 다른 우리 자매들을 보면 우리가 얼마나 남을 이해하는 것이 어려운가 하는 생각을 한다.

나는 유난히도 작은 키로 낮은 자존감으로 살아왔다. 남들은 모르는 나만의 잣대로 나를 바라보고 나를 제어하며 살았다. 키가 컸으면 얼마나 좋을까? 키가 컸으면 나의 배우자가 달라졌을 거라는 생각을 하면 언제나 나한테 화가 난다. 나는 나름대로 열심히 살고 부지런히 살고 남들 사는 만큼 잘 살고 있다고 생각했는데 막상 지금의 나의 모습은 초라하다. 아무것도 이룬 것이 없고 똑 부러지게 잘하는 것도 없다.

공인중개사 자격증을 가지고 부동산 사무실을 개업하면 대박을 내서 돈을 엄청 많이 벌 줄 알았다. 자격증 따기 전에는 부동산 사무실을 차려서 해마다 집을 하나씩 늘리는 게 나의 꿈 리스트에 있었다. 하지만 현실은 하루에 한 사람 만나기도 힘든 부동산 사무실에 앉아서 세월을 낚고 있다. 나는 내면의 문제를 들여다보고 내면을 바꾸고자 '한책협'에 등록해서 퍼스널 브랜딩을 하고자 책을 쓰고 있다. 한가해서 사무실에 앉아서 책을 쓴다. 누구 눈치 볼 것도 없다. 수입 없는 사무실에 앉아서 무에서 유를 창조하는 상상을 하고 있다. 상상하면 행복하다. 네빌 고다드님이 바베이도스를 상상으로 갔다 왔듯이 나도 상상으로 이 사무실을 계약자들로 가득 채운다.

나는 나를 믿는다. 아니 하나님의 위대하심을 믿는다. 나의 상상력은 현실이 되어 나타날 거라고 생각한다. 무에서 유를 창조하신 하나님의 사랑을 드러내기 위해 날마다 기도하고 날마다 나와 동행하시는 하나님을 신뢰하고 믿음으로 바라보고 있다. 날마다 나를 바꾸고 나의 의식을 확장하는 중에 있다.

나는 나를 시험하는 중이다. 내가 나를 기대하고 믿으며 내 현실에 얽매이지 않고 나를 위한 하나님의 선하신 사랑을 기대한다. 영혼이 잘됨같이 범사가 잘되는 복을 받아 누릴 날을 기대하고 있다. 나는 참으로 그날을 기대한다. 나의 재정은 하나님이 채우시고, 나의 배우는 모든 과정도 하나님이 채우시고 계신다. 나는 오로지 도구로 쓰임받고 사용되기를 기대할 뿐이다.

"하나님, 저를 사용하시고 나의 영혼이 하나님의 마음으로 가득 차게 해주소서. 남은 생은 지금까지 살아왔던 것보다는 짧겠지요. 그러나 그 짧은 남은 인생을 주의 자녀로 주의 사랑의 손길에 의지하여 살고 싶습니다. 아니 살아내겠습니다. 하나님이 인도하신 손길에 올인하게 하소서. 이 책을 쓰는 모든 순간에 하나님의 영감이 나를 감싸고 하나님의 축복만 전하는 손길이 되게 하소서. 오늘 나의 대출금의 독촉장을 해결하실 분은 하나님입니다. 간절함으로 찾고 찾는 자를 만나주시고 구하는 자에게 주시는 하나님임을 알고 있습니다. 그리고 하나님은 사랑이 많으신 분이라는 것도 압니다. 나의 아버지가 되셔서 내가 이 땅에서 하나님의 자연을 통하여 섭리하시는 자연의 풍성함의 일부가 되기를 간구합니다.

하나님 끝에서 시작합니다. 나는 베스트셀러 작가가 되었습니다. 나는 지혜로운 삶을 사는 사람이 되었습니다. 나는 베스트셀러 작가가 되어 이곳저곳에 강연을 다닙니다. 강연을 다니는 곳마다 하나님의 사랑이 넘쳐납니다. 나는 하나님을 전하는 멋진 강연가가 되었습니다. 나는 유튜버가 되었습니다. 이미 다 이루어졌기에 하나님께 받은 거 감사하며 삽니다. 나는 경제적 자유를 얻었습니다. 내가 이룰 많은 꿈들은 이미 세상에 존재하려고 준비하는 중에 있음을 압니다. 감사합니다."

이렇게 끝에서 시작하는 나의 믿음의 선언을 보면서 이해할 사람이 몇 명이나 있을까? 세상이 다 나를 이해해주기를 바라는 것은 아니지만 가끔 우리는 이해받고 싶고 지지받고 싶은 사람이 있다. 특히 나를 가까이에서 보는 가족과 더불어 친정 식구와 시댁 식구들에게 인정받고 싶고 이해받고 싶은데 모두 각자의 삶을 살아내느라 바쁘다. 진짜 자신들의 일 외는 관심이 없다. 그런데 '한책협'은 다르다. 모두 같이 자신의 일인 것처럼 격려하고 위로하고 응원하며 기적이 창출되는 곳이다. 진짜 세상의 모든 시스템이 '한책협'처럼 살아 있으면 아무도 낙오될 자 없고 아무도 힘들다고 인생을 버릴 사람 없을 텐데. 나이가 많은 내가 만나서 많이 위로받고 살게 되니 내 아들과 딸도 이곳의 좋은 시스템으로 의식과 자신감을 회복하고 행복한 삶을 살도록 도와주고 싶다.

세상은 내가 생각하고 선택한 삶으로 사는 것이다. 난 오늘도 행복하고 긍정적이고 멋진 삶을 선택하고 살고 있다. 친구와 잠깐 통화했다. 요즘 코로나로 인해 마음이 많이 다운되어 있었는데 통화하면서 힘이 나고 기분이 좋아진다고 말한다. 나는 늘 남을 세우기를 잘하고 남의 말을 잘 들어주며 추임새를 잘 맞추는 멋진 성격을 가지고 있다. 또 사람을 많이 좋아한다. 이 세상에서의 만남이 기쁨이고, 만남이 축복이길 기대하며 살고 있다. 나는 40대에는 작은 수다방을 하나 하고 싶었다. 그냥 마음속의 하고 싶은 얘기 실컷 들어주고, 실컷 하고 나면 세상이 알아주지 않아도 스스로 힐링되어 자신의 삶으로 복귀할 때 조금은 평안한 마음이 되어 있을 것 같은 그런 수다방 말이다.

그때는 내가 너무 그런 수다방이 필요했다. 또 주변 아줌마들끼리 수다하더라도 생산적인 수다를 하기 원했다. 지금은 그때의 생각이 조금은 구체적으로 다가온다. 유튜버나 카페 무엇을 하든 우리는 이제 필요를 채울 수 있는 것들을 인터넷에 들어가면 언제나 만날 수 있다. 나도 인터넷을 통해 여러분을 만나고 수다방을 개설하고 좋은 정보와 하나님의 사랑을 전하고 나누는 멋진 삶을 살 것이다. 꿈을 꾸고 '한책협'에 온 지 2달이 넘었다. 2달 전 나는 아무 계획과 생각이 없었고, 마냥 도사님 만나야지 하는 막연함과 책을 써서 성공을 하라는 멋진 도사님의 주장에 동조하는 마음이었다. 이렇게 작가의 꿈을 이루어가고 있는 것을 보면 도사님은 세계 최고의 책 쓰기 코치이고 1인 창업자이며 또 앞서간 부를 이루는 비법을 전수하고 알려주셔서 이끄시기에 열심히 따르는 제자가 되어가고 있다. 이런 '한책협'을 통해 나는 하나님의 큰 사랑의 손길을 느낀다. 나와 동행하시는 하나님의 사랑으로 지금의 이 자리에서 작가로서 멋진 삶을 살고 있다고 생각한다. 감사합니다. 혹시 나처럼 고민하는 분이 있다면 과감하게 자신을 세상에 브랜딩해서 자신의 가치를 상승시키고 세상에 런칭하는 기회를 만들기를 강추하는 바다.

5

자기 자신을 귀한 사람으로 여겨라

우리가 이 땅에 오는 과정을 생각해보면 귀하지 않은 존재는 아무도 없다. 그런데 우리는 스스로를 귀하게 여기지 않을 뿐 아니라 남 또한 귀하게 여기지 않는다. 우리가 자신을 귀하게 여긴다는 것은 벌써 많이 성숙한 인간이 되었다는 뜻이기도 하다. 세월이 흐른 후에 내가 사는 과정이 귀하고 소중한 것임을 알게 되었다는 것은 나의 인생의 가장 큰 오점 중의 오점이다. 왜 스스로를 귀하게 여기지 못했을까?

생각해보면 늘 남의 시선을 의식하고 남의 말에 귀 기울이고 남의 기준이 나의 기준이 되어 살았다. 나다운 삶을 창조한 게 아니라 뭔가 부모님의 기대대로 살려고 했던 경향이 많았다. 특히 나는 장녀라서 더 심했다. 내가 하고 싶은 것을 부모님께 말씀드려본 적이 별로 없다. 매번 속으로는 하고 싶지 않지만, 엄마가 불쌍하고 엄마가 하니까 따라가며 일하다 보니 어느새 엄마의 일하는 양의 3분의 2를 따라가는 농사꾼이 되어 엄마의 손을 돕게 되었다. 우리 동생들도 마찬가지였다. 시골에서 살면서 일을 안 할 수는 없다. 특히 농사일은 사람의 손길이 필요한 거라서 바쁜 철이면 부지깽이라도 불러서 일을 시킨다는 어른들의 말씀이 있다. 그만큼 바쁘고 철이 지나면 하지 못하기에 시간을 다투어 해야 하는 일이다. 그런데 엄마는 농사일이 참 많다. 아버지가 직장에 가시고, 엄마와 할아버지 모든 식구는 농사일에 전념했다. 공부하는 우리는 초등학교 5학년이 되면 반 농사꾼이 되어 있다. 낫질은 수준급, 논에 피 뽑고 논에 김 메고 밭에 풀 메는 일들은 어른과 거의 동등하게 일을 한다. 그러니 엄마는 우리에게 일을 시킬 수밖에 없으셨겠지만 다른 집의 아이들처럼 놀고 싶었던 때가 참 많았다.

내가 5~6학년 때부터 기억을 한다. 엄마는 여름이 되면 삼베 길쌈을 하신다. 봄이면 삼을 밭에 심어 삼이 다 자라면 약 2~3m 정도 된다. 다 자란 키 큰 삼을 낫으로 베고, 그 삼에 붙어 있는 잎들을 칼로 쳐내고, 삼대만 한 단씩 묶어 단을 만들고, 동네 어귀에 있는 큰 네모난 가마솥에 삼단을 큰 벽돌 공장처럼 차곡차곡 쌓는다. 삼단을 진흙으로 발라 보이지 않게 쌓고 덮어서 장작불로 밤새 불을 때면 삼이 익어가는 냄새가 온 동네에 난다. 어른들이 삼을 하나 꺼내어 보고 익었다 생각하면 불을 끄고 물을 부어 삼을 식히고 삼대를 꺼낸다. 삶은 삼대를 밤새 나무에서 껍질을 벗기듯이 하나하나 벗기면 잘 벗겨진다. 그럴 때는 어른 아이 모두 같이 일을 한다. 각자 자기들의 삼대를 찾아서 벗기는 것은 신속하게 해야 하기 때문이다. 오래되면 벗겨지지 않는다. 그 벗긴 삼을 다 말려서 걸어놓고 며칠이 지난 후 말린 삼을 냇물에서 깨끗이 씻어서 삼의 가장 아랫단을 하나하나 일일이 삼 도끼로 머리를 말갛게 갈아낸다. 그러면 까만 삼이 하얗게 변한다. 그럴 때 물에 젖은 삼을 할머니가 긴 손톱으로 갈래갈래 실처럼 쪼개신다. 방 가운데 긴 나무추를 두고 삼을 쪼갠다. 그 쪼개진 삼을 양쪽의 장대에 길게 걸어놓고 삼을 삼는다. 삼을 삼는다는 것은 긴 삼베를 서로 이어주면서 아주 긴 삼실을 만드는 과정이다. 그런데 그 일을 우리가 한다.

엄마 옆에서 엄마를 따라 하다 보니 어느새 능숙한 내가 되어 있다. 같이 자란 동생과 고모까지 우리는 벌써 3명이다. 엄마 몫의 반절 이상을 하고 있다. 하라고 해서가 아니라 길쌈하는 엄마 곁에서 자동으로 배운 솜씨인 것이다. 삼을 이을 때는 꽁지를 이로 가르고, 그 사이를 약간 머리핀처럼 가른 후에 그 사이에 새로운 삼의 하얀 머리 부분을 넣고 무릎 위 정강이에 대고 비비면 실처럼 꼬인 상태로 삼이 이어진다. 지금도 실을 이어 붙일 때 그렇게 하면 감쪽같이 잘 이어진다. 아이들이 밤새 일을 한다. 여름 밤하늘은 아름답고 예쁘다. 눈이 무거워져도 잠을 잘 수 없다. 엄마가 일하고 계시기에 우리는 같이 옆에서 졸면서 놀이하듯 일을 한다.

놀이하듯 일을 배웠기에 하나도 힘들지 않았다. 단지 놀고 싶은데 놀지 못한 거, 여름방학에 길쌈하느라 방학 숙제를 제대로 못 한 것, 그 시절의 개구리가 그립고 그 시절의 밤하늘이 그립다. 쏟아질 듯 많은 별들이 하늘에 보석처럼 빛나고 있었다. 전기 불 없는 깜깜한 시골에서 호롱불에 의지해 일하며 살던 시절이 아득한 옛날이 되었다. 우리 동네 전깃불은 내가 중학교 2학년 때 들어왔다. 세상이 환해진 신세계를 맞이하는 전깃불과 함께 TV가 우리 집에 들어왔다. 온 동네 사람들이 저녁이면 우리 집에 모여서 TV를 본다. 안테나를 이리저리 교정한다. 방 안 가득 우리 친구들이 모여 TV를 시청하던 광경에 나는 우리 집의 방이 엄청 크다고 생각했는데 어른이 된 지금 가서 보면 아주 작은 방이라서 가끔은 그 기억이 잘못되었나 생각한다.

지금 생각해보면 내 나이에 길쌈을 하고 알고 있는 사람이 몇 명이나 될까? 나보다 훨씬 나이 많은 어르신들이나 알 거 같은 시골의 길쌈과 삼베를 만드는 과정을 얘기하면 내가 아주 옛날 사람처럼 여겨진다. 까마득한 옛날에 엄마는 일을 많이 하시고, 우리는 놀기 좋아하고, 엄마는 그래서 우리에게 소리를 많이 지른 거 같다. 엄마의 목청이 좋은 것은 우리 때문이었을까? 엄마는 목청이 좋으셨다. 큰소리로 우리에게 일 빨리 하라고 독촉할 때면 엄마가 아니라 계모 같다는 생각을 할 때도 있었다. 그래도 못 해드리면 마음이 아픈 것이 저 마음 깊은 곳에 있다. 나도 목청이 좋다. 그래서 목소리 크다는 얘기를 자주 듣는 편이다. 엄마 닮아서 그런 거 같다. 아마 강연을 하면 엄청 큰 소리로 잘할 거 같다. 강연을 할 날이 올까?

시니어 모임에 가서 길쌈 얘기도 해드리고 싶다. 길쌈을 하면서 느꼈던 많은 얘기들을 들려드리고 싶다. 거의 초등학교 5~6학년 때 기억이 제일 많이 남아 있다. 삼베를 베틀에서 할머니가 짜신다. 딸깍딸깍 북이 왔다 갔다 하는 소리가 멈추지 않는다. 북소리, 보디 낚아채는 소리, 날실을 교차하게 하는 끈을 발에 걸어 발 잡아당기는 소리, 베틀 소리는 우리를 즐겁게 한다. 베를 짜는 것은 우리가 할 수 없다. 그것은 진짜 장인이 하는 것으로 할머니는 장인이셨다. 베를 짜서 잘 말린 후 여러 필이 모이면 할아버지가 겨울에 새벽 5일장에 가신다.

삼베를 어깨에 메고 팔러 가시는 것이다. 먼 길을 걸어가셔야 하기 때문에 새벽 닭이 울면 출발하신다. 그때는 버스가 없다. 버스가 있어도 시간이 뜸하고 비쌌다. 할아버지는 어깨에 삼베를 메고 한나절을 걸어가서 삼베를 가장 좋은 가격에 팔고 오셨다. 할머니의 베짜는 솜씨에 기분이 좋다 하셨다. 집에 오실 때는 기분이 좋으셔서 할아버지는 술 한잔 걸치시고 흥얼거리시며 넘어가는 해를 배경 삼아 들어오신다. 우리 집은 부자가 된 거 같다. 할아버지께서 장에서 갈치를 잘 싸서 들고 오신다. 그러면 모든 식구가 갈치를 먹을 수 있다.

어릴 적 독특한 경험을 떠올려보니 소중한 나의 삶이 기억으로 되살아나 할머니가 보고 싶고, 할아버지, 아버지 다 보고 싶다. 나 하나 이 땅에 오는 과정을 생각해보면 우리 증조할머니를 지나 할아버지 할머니를 지나 아버지 어머니를 지나서 내가 태어났다. 내가 기억하는 어른들만 생각해도 내가 얼마나 소중하고 어렵게 이 세상에 왔는지 알게 된다.

나는 여러 대를 거쳐서 이 땅에 왔다. 어렵게 이 세상에 왔으니 자신을 소중히 여기고 살아야겠다. 글을 쓰면서 구수한 삼대 익는 그 삼굿의 고향이 그리워진다. 지금은 아무도 삼베를 하지 않는다. 대마초라고 아예 농사를 지을 수 없다. 허락을 맡아서 조금씩 추억처럼 농사를 짓는 어르신들도 있다고 하지만 우리 동네 삼굿이 있었던 자리는 흔적도 없이 사라졌다.

시멘트 바닥으로 도로가 잘 정리되어 있다. 도로에서 자란 풀을 머리처럼 묶어 그 묶은 풀에 넘어지는 친구들을 보면서 놀던 그 시절이 그리워진다. 나이를 먹어 생각하면 모든 것이 아름다운 추억이다. 돈 버는 기술을 놀이하듯 배웠더라면 얼마나 좋았을까? 가장 중요한 기술은 우리는 아무도 가르치지 않고 살고 있다. 직무유기인 것도 모르고 나도 아들에게 그렇게 하고 있다. 나부터 반성한다. 세상에 존귀한 자로 온 자여. 존귀한 대접을 받고 대접하고 살려면 돈이 있어야 한다. 돈 버는 기술을 놀이하듯 가르치는 곳이 있기를 소망해본다.

6

지나친 기대와 욕심을 내려놓자

나는 결혼생활을 하면서 남편에 대한 기대와 욕심을 늘 가지고 있다. 남자가 아니면 남편이 아니면 기대할 것이 없었겠지만, 나는 여자라는 이유로 남자를 아버지처럼 생각하고 살았다. 나와 결혼하는 남자는 당연히 아버지 같은 성품에 아버지 같은 포근함으로 나를 사랑해주고 나를 엄청 아껴주고 사랑받으며 살 줄 알았다. 남편을 잘 섬기고 남편과 함께 오순도순 살 줄 알았다. 아는 것과 경험으로 아는 것은 너무나도 다르다. 나는 동네 이웃 아주머니의 소개로 선을 봐서 4주 만에 결혼식을 올렸다. 결혼식을 올리는 날까지 남편의 얼굴을 4번 보고 결혼을 했다. 예식장에서 남편을 만나서 결혼하는 나는 얼마나 어색했겠는가? 내가 주인공이 되어보는 결혼식 자리에 내가 서고 남편이 서고, 아버지는 나의 손을 잡고 남편 앞으로 데려다준다. 그때의 어색함은 말할 수 없을 정도였지만 그래도 내가 주인공이니까 내 삶의 한 행사니까 많이 웃었다. 친구들이 많이 왔다. 직장 동료들도 왔다.

26살 꽃 같은 나이 10월 3일 개천절에 결혼을 했다. 결혼 첫날 시골 시댁으로 가서 하룻밤을 자고 제주도로 신혼여행을 갔다. 남편과 단둘이 신혼여행을 갔는데 모든 것이 어색했다. 그래서 나는 공중전화 박스가 있는 곳마다 찾아가서 어색함을 깨려고 친구들에게 전화를 했던 기억이 있다. 첫날밤을 아직 치르지 못한 신혼부부의 어색함은 진짜 말할 수 없이 불편하다. 관광을 마치고 첫날밤을 치른 후의 부부는 어색함이 무너진 상태다. 남녀 관계란 이런 것인가? 만리장성을 쌓고 난 후 우리는 진짜 부부가 되었다. 나는 신혼 첫날밤의 꿈이 있었다. 내가 한복을 가지고 신혼여행을 갔던 이유가 있다. 난 남편과 단둘이 앞으로의 계획과 부부로서의 사명을 다짐하며 다시 존중의 의무로 둘이 서로 마주보고 맞절로 예의를 다할 것을 다짐하고 부부의 삶을 시작하려 했다. 그게 나의 신혼 첫날밤 로망이었는데 로망은 로망으로 끝났다. 설명을 해주려 해도 듣지 않으니 그때부터 새댁으로 옮겨간 아가씨는 남편을 만족도 50%에서 1% 정도 내렸던 거 같다.

다음 날 우리의 신혼여행은 계속되었다. 관광차로 신혼여행을 하고 신혼여행 마지막 날 우리 둘이는 택시 관광을 했다. 신혼부부인 우리를 택시로 관광시켜주는 기사님은 사진 찍기의 달인이셨다. 우리 둘의 사진을 찍어주셔서 사진을 인화했는데 필름사진으로 찍어 사진을 뽑았다. 고급 앨범에 가보처럼 보관하며 신혼의 추억을 되새기곤 했다. 그때 사진을 보면 표정에서 어색함이 가득 묻어나 있다. 사진은 거짓말을 하지 못한다. 거짓 없는 사진 속 표정이 쭉 이어졌던 거 같다. 편안하게 환하게 웃기까지 30년의 긴 세월이 있었다. 나의 사진 속 얼굴 표정의 역사가 나의 인생의 역사가 되었다.

만족하며 사는 사람이 없다지만 그래도 부부의 인연이 된 것은 운명 중의 최고의 운명이라 생각하고 살아왔다. 내 인생의 최고의 변환점이 되고 진짜 내 인생이 시작되는 것은 결혼이었다. 그때부터 나의 운명과 삶은 남편과 함께였다. 남편과 함께가 아니라 남편에게 달려 있다는 생각을 하고 살았다. 그래서 모든 운명을 남편에게 맡기고, 남편이 잘되길 남편이 하늘처럼 아버지처럼 잘해주길 바라고 살았다. 살면 살수록 나와 부딪히는 경향이 많았다. 반찬, 생각, 계획을 하면 늘 둘이서 오순도순 아버지처럼 많은 얘기를 해서 잘 살 거라 생각했는데 사사건건 부딪히고 싸움이 잦았다.

난 스스로 충격을 받았다. 내가 이렇게 싸울 수 있다니! 아버지 엄마처럼 오순도순 살 줄 알았는데 이게 뭐야? 그러면서 시골에서 자랄 때 이웃집에 살던 친구의 아버지 엄마가 생각이 났다. 날마다 거의 싸움을 하는 이웃집 부부를 보면서 왜 저렇게 살까 싶었고, 어린 내가 유일하게 무시하고 싶은 부부이자 이해할 수 없었던 사람들이었다. 저녁에 싸우고 다음 날이 되면 또 마주하는 시골 이웃집 부부를 보면서 참 많이 판단과 비난을 했다. 그런데 그 부부의 모습이 나의 모습이 되어 있다.

난 내가 무섭다. 아니 남편이 더 무섭다. 왜 나는 자꾸 남편과 싸우게 될까? 생각하게 된다. 그 원인은 서로에게 있지만 남편의 책임이 더 크게 느껴졌다. 남편으로부터 가장 많이 들었던 전쟁터의 한마디 "야 XX야 싫으면 가!"였다. 싫은 면도 있지만 난 결혼을 끝까지 책임지고 싶었다. 비록 쉽게 시작했지만 잘 살아보고 싶었다. 그런데 왜 자꾸 가라 하고 이혼하자는 말을 입에 달고 살까? 난 혼자서 마음속으로 다짐했다. 내 입에서 이혼하자는 말이 나오면 그때는 진짜로 이혼하는 거라고 생각했다. 난 지금까지 이혼하자는 말을 하지 않았다.

난 이혼하고 싶은 마음이 99%였다. 그런데 이혼 이후의 삶이 무섭다. 특히 엄마의 큰딸이니까 이혼하면 안 된다는 엄마의 기대를 저버릴 수 없었다. 또 경제적으로 독립하지 못하고 야무지지 못한 사회생활로 아이들을 교육하고 원활하게 키우지 못할 거 같은 마음이었다. 이런저런 이유로 지금까지 마음대로 하지 못하고 살아왔다. 가장 큰 이유는 우유부단하고 큰 변화를 이겨낼 용기가 없는 것이었던 거 같다. 내가 내 인생을 주도적으로 적극적으로 살아갈 용기가 없어서 이제껏 참고 살아온 것은 사실이다. 다시 산다면 끝까지 사는 것이 정답이 아니라고 말하고 싶다. 비울 수 있고 세상은 닥치면 살아가게 되어 있다는 것도 알고 있다. 적정한 때라는 것이 있는데 적정한 때를 놓치면 결국 실행하지 못하는 것 중하나가 이혼이다. "내 우물쭈물 하다가 이럴 줄 알았지." 하고 묘비명으로 남긴 그분의 심정을 헤아릴 수 있다.

참고 살아서 본 영광은 없다. 오로지 상처투성이뿐이다. 상처의 흔적은 자신감을 떨어뜨리고 자존감은 바닥으로 가게 한다. 자존감과 살아가는 사명을 찾으려면 한참을 헤매고 와야 한다. 내려간 세월만큼 다시 오를 수 있는 길은 쉽지가 않다. 그런데 나는 요즘 내면의 깊어진 사랑과 하나님의 은혜로 상처투성이의 모습에서 가장 아름다운 중학교 3학년 때 모습으로 회복 중이다. 너무 좋다.

새벽기도 가고, 하고 싶은 것 하고, 마냥 꿈에 부풀어 살던 중학교 3학년의 나의 모습. 가끔은 아름다운 사랑을 꿈꾸고, 가끔은 멋진 미래를 꿈꾸기도 하고, 소설 속의 주인공이 된 것처럼 울기도 하고, 강둑길 걸어오는 소년을 그리워하기도 했던 중학교 3학년이 된 나는 지금 행복하다.

44년 전이다. 한참을 걸려서 숫자를 생각했다. 44년의 세월이 한순간에 지나갔다. 그 44년이란 세월 속에서 남편을 만들었고, 딸과 아들을 만났다. 그런데 아쉬움만 남는다. 남편을 향한 지나친 기대감, 욕심을 조금 더 일찍 내려놓으면 좋았을 거라는 아쉬움을 세월이 지난 후 느끼게 된다. 처음부터 기대하는 것보다 같이 책임을 지고 삶을 살아가는 거라고, 결혼은 둘이 같이 책임을 지고 사는 것이라고, 각자 상대를 향한 기대의 시선을 거두고 마음을 나누는 삶을 살았다면 더 행복하고 조화롭고 평화로운 삶을 살았을 거라 생각해본다.

지금은 조화롭고, 평화롭게 살기 위해 곱고 아름다운 축복의 시선으로 남편을 본다. 진즉 이런 시선이었으면 좋았을 텐데. 관점을 바꾸고 하나님의 큰 사랑으로 바라보는 요즘이 가장 행복하다. 진짜 중학교 3학년이 된 마음. 기쁘다. 감사하다. 충만하다. 풍요롭다. 모든 긍정의 언어들로 다 표현하고 싶다. 나의 요즘 사진은 언제나 밝음이다.

가끔은 스스로 '너 참 잘했어'라고 말해주자

'물은 셀프입니다.'라는 말을 어르신들은 물을 셀프라고 한다고 한다. 얼마 전 유행하던 아재개그다. 그 아재개그는 우리에게 웃음을 주고, 어떤 이는 파안대소를 하며 웃는다. 반응은 다르지만 웃을 수 있게 하니 좋다. 난 개그와 유머를 좋아한다. 웃음과 관련된 책을 읽으면 기분이 새로워지고 행복하게 웃을 수 있고, 짧은 생각으로 삶의 철학과 지혜를 담고 있다는 생각을 하게 한다. 그래서 유머가 좋고 개그가 좋다.

웃음의 대가이고 독보적인 이요셉 선생님은 웃음치료사로 부부가 웃음으로 성공해서 센터를 운영하고 『하루 5분 웃음운동법』, 『머니패턴』이라는 책을 내서 웃지 못하는 사람들을 웃게 만드는 멋진 웃음의 창조자이다. 난 두 분을 많이 따르고 좋아한다. 기회가 되면 진짜 실컷 웃을 수 있는 웃음 센터에 자주 가고 싶지만 그리 자주는 가지 못한다. 작년 여름 한 번 다녀온 후로는 마음이 많이 편안해지고 좋았다. 다시 가고 싶고 또 만나고 싶은 분들이다. 매달 마지막 주 화요일 2시간의 짧은 강의 동안 실컷 웃고 오는 길은 살아 있어 행복하다는 생각이 든다. 한 달 내내 웃지 못한 일을 모두 잊어버리고 실컷 웃을 수 있는 그런 자리가 있다. 난 그곳에서 웃음은 운동이라고 말씀하시는 선생님의 말씀에 공감한다. 운동을 하지 않으면 근육이 붙지 않듯이 우리가 웃음은 자연스럽게 웃는 것이고 감정이라 생각하니까 웃지 않지만, 운동처럼 억지로 웃다 보면 웃게 된다는 말에 공감을 한다. 웃음이 나와서 웃는 게 아니라 웃음을 만들어 웃다 보면 웃을 일이 생겨서 진짜 웃는다는 말은 진리이다.

그래서 자주 웃는 편이다. 아주 잘 웃는다. 자꾸 웃으려고 운동처럼 웃으려고 핸드폰에 알람으로 설정해두고 하루에 2번씩 웃고 있다. 그런데 그 신호는 신호일 뿐 실천이 없다. 처음에는 노력해서 했는데 자꾸만 멀어진다. 웃음 운동의 실천, 오늘부터 해볼까? 나는 나만의 법칙을 정하고 살려고 한다. 날씨가 좋으면 좋아서 웃고, 날씨가 궂으면 궂은 대로 웃으려 한다. 웃는 얼굴에 침 못 뱉는다고 웃는 얼굴에 웃는 일이 생기는 것이 맞는 거 같다. 어제는 잘 웃는다고 가끔 오시는 이웃 임대인께서 사무실에 오셔서 칭찬을 해주시고, 앞으로는 좋은 일만 있을 거라고 격려와 사랑을 해주고 가신다. 멋진 나의 앞날이 기대가 된다.

　나는 웃음이 가득한 얼굴을 갖기까지 많은 연습을 했다. 거울을 보면서 많이 연습을 했다. 입꼬리가 올라갈 때까지 웃었다. 입꼬리를 내리면 부정이지만 입꼬리를 올리면 긍정이 된다. 언제나 나는 긍정의 사람이고 싶었다. 그래서 긍정하면서도 무한 긍정의 사람이고 싶었다. 하나님은 무한 긍정 속에 살아 계시고 무한 긍정만이 우리가 할 수 있는 반응이다. 그것을 알기까지 많은 세월이 흘렀다. 이미 지난 세월 속에 내가 뿌린 부정의 씨앗들이 있기에 그 씨앗들로 자란 부정의 환경을 정리하고 감사로 맞이하고자 나는 오늘도 감사하고 감사한다. 나의 삶의 멋진 작품을 볼 수 있는 눈이 있어 감사합니다. 손이 있어 감사합니다. 나는 스스로 "너 참 잘하고 있어."라고 격려한다. 오늘도 나는 감사와 기쁜 얼굴, 확신의 힘, 믿음으로 살아간다. 내가 가장 잘 사는 길은 언제나 멋진 웃음과 긍정의 미소를 얼굴 가득 품고 사는 것이라고 생각한다.

　아이들을 보면 얼마나 잘 웃는가? 얼마나 까르르 웃는가? 보는 것만으로도 이쁘고 사랑스럽다. 아침 출근하는 길에 아이가 유아원에 간다. 엄마는 뒤에서 따른다. 아장아장 걷는 걸음 삐익삐익 소리가 온 동네를 울리고 골목 안에 가득하다. 나는 유난히 아이들을 좋아한다. 나는 그 삐익삐익 거리는 소리를 들으면 기분이 좋다. 내 아이가 지나가는 것처럼 어제는 출근하는 길에 그 꼬마친구를 만났다. 볼수록 예쁘고 사랑스런 그 아이가 나를 홀린다. 나는 지갑을 열어 아이에게 돈을 준다. 헌금하는 마음이 된다. 이 땅에 와준 축하금으로 주고 싶었다. 너무 감사했다. 작은 아이 안에 있는 하나님의 영혼이 너무 좋았다. 그래서 돈을 많이 벌고 싶다. 주시는 하나님의 사랑으로 풍요로워지면 선한 영향력으로 마음껏 나누는 멋진 삶을 나누고 싶다. 이런 감동이 오면 나는 언제나 조금이라도 나눈다.

그런 내가 좋다. 나는 이럴 때 스스로 칭찬해준다. 여러분은 이런 날이 없는가? 나보다 더 감동스럽게 사는 분이 많을 것이다. 나는 진짜 할머니가 되고 싶은 사람이다. 그래서 나의 버킷 리스트로 가지고 있다. 지금처럼 자녀들이 결혼을 기피하는 현실에서 나는 불안하다. 그래도 난 그 꿈이 이루어질 거라 확신하고 있다. 간절히 원하는 것은 이룰 수 있다는 것을 알기에 나는 날마다 기도한다. 남들은 자연스럽게 그냥 얻는 것도 나는 많이 기도하고 가져와야 하는 것일 수도 있다. 내가 아이를 가질 때는 아주 쉽게 가졌다. 그래서 어렵게 아이를 갖고자 노력했던 부부의 모습을 이해할 수 없었다는 것에 미안해진다. 우리가 살면서 마땅히 여기는 많은 것을 너무나 쉽게 자연스럽게 받기 때문이다. 그런데 마땅하고 당연한 것은 세상에 없다. 단지 우리는 그것을 누리고 자연스럽게 받으면서 감사하지 못하고 오로지 쉽게 생각한 것이다.

누구에게는 책을 쓰는 것이 밥을 먹듯이 자연스럽고 쉽겠지만 처음으로 책을 쓰겠다고 도전하는 나는 내 삶을 다 돌아보며 정리를 해야 한다. 정리를 할 수 있는 시간이 사실은 기도의 시간이고 반성의 시간이다. 세상에 살면서 이처럼 나와 적나라하게 마주한 적이 있었던가? 한 번도 없었다. 잠깐 생각날 때 생각하고 끝냈다. 생각은 금세 사라지고 반복된 삶을 그리 살았던 것이다. 그런데 책을 쓰면서 나와 마주하는 시간이 신나면서 무섭기도 하다. 내가 지내온 삶을 함부로 흘려보냈던 거 같아 무서운 것이다.

이제라도 나를 제대로 파악하고 정리하며 남은 생을 조금 더 아끼고 소중히 여길 수 있어 다행이다. 진심으로 내가 사는 것이 좋다. 60년을 기다려준 하나님이 계시기에 좋다. 하나님의 인자하심과 너그러움, 사랑의 깊이를 이제야 알게 돼서 좋다. "너 참 잘했어." 이제라도 알게 돼서 멋지고 좋다.

하나님은 나를 인내하며 참아주시고 나의 인생의 깊이를 더 깊게 하셨으며 바다처럼 넓은 마음으로 끝없이 기다려주셨다. 이제 그에 대한 반응으로 배 한 척 만들어 사랑의 바다에 배를 띄우러 나가야 하는 시기다. 오늘도 나는 배 한 척을 만들고 있다. 키보드를 두드리는 것은 배 한 척, 한 귀퉁이를 조립하고 만들어가는 과정이라고 본다. 아름답고 화려한 배를 만들어 사랑의 바다를 맘껏 떠다니는 삶을 만들어갈 것이다. 그 배 안에 거룩함을 담고 사랑을 담고 기쁨을 담고 감사를 담고 즐거움을 담을 것이다.

나의 아름다운 배에 함께 탑승하고 하나님의 사랑의 바다에 같이 나아가자. 세상은 서로 사랑하며 사는 것이니 꼭 같이 가고 싶다. 함께 가자.

타인보다 나 자신에게 좋은 사람이 되어라

눈치를 보는 사람이 많다. 거의 대부분의 사람이 눈치를 보며 산다. 나는 스스로 자존감이 낮고 스스로 자신감이 부족해서 눈치를 많이 보고 살았다. 언제나 삶의 기준이 나에게 있는 게 아니라 상대에게 있어서 나를 피곤하게 하며 살았던 것이다. 친구를 만나면 친구 얘기에 쿵짝을 맞춰주고, 친구가 만나자 하면 만나고, 많은 시간을 눈치 보며 살았으니 사람 좋다는 얘기는 많이 들었다.

사람 좋다는 것은 자기주장이 없고 거절이 없으며 언제나 상대에게 맞춰준다는 얘기라 해도 과언이 아니다. 내가 사람이 좋다는 얘기를 들으면서 나름 분석하는 편이다. '너는 여기에서 무얼 얻었어? 이 친구에게 너는 뭐니? 너는 그 친구에게 어떤 사람이고 싶어?' 혼자 있을 때는 친구와의 대화와 환경을 되짚어보는 경향이 있었다. 그런데 어느 날부터인지 되짚어보는 것보다는 그냥 그 친구의 일부이거나 소중함이고 싶었다. 그게 요즘 나의 모습이다. 난 이런 내가 좋다. 그냥 포근하고 편안한 친구 관계, 이런 삶으로 사는 것이구나 하고 깨우치는 것이 좋다. 사람 좋다는 말도 좋다.

나는 마음이 불편한 친구들은 멀리하고 자꾸 약속을 뒤로 미루게 된다. 불편한 친구가 누구인가 생각해보면 나를 만나러 오면서 또 다른 친구를 핸드폰에 데리고 와서 카톡으로 그 친구랑 데이트하는 친구를 말한다. 난 그런 친구가 제일 싫었다. 그러면 나는 그 친구의 나를 바라보는 마음을 알 수 있을 거 같았다. 누구나 핸드폰이 있지. 누구나 바쁘지. 바쁜 시간 쪼개서 친구와 만나는 소중한 시간에 같이 얼굴 마주하는 그 친구에게 집중하지 않으려면 왜 만나지? 그래서 난 핸드폰을 거의 보지 않는다. 그 친구에게 집중하려고 그 친구의 소중함을 느끼게 해주고 싶다. 그래서 난 편하고 소중히 여기는 사람을 만나는 것을 좋아한다. 나에게는 약속을 소중히 여기는 친구들만 남았다. 그래서 내 삶은 편안하고 좋다.

사람 좋은 사람으로 살면서 언제나 나는 상대를 배려하고 상대에게 집중하는 사람으로 살았다. 늘 주변 친구들로부터 듣는 얘기가 좋은 사람, 편한 사람이었지만 가끔은 내 마음이 뒤틀릴 때가 있었다. 아마 그것은 내가 억지로 친구의 요구에 거절하지 못하고 친절한 사람으로 남으려고 내 마음을 보살피지 않았을 때인 거 같다.

나는 거절이 불편한 사람이다. 똑 부러지는 단호함이 없다. 참 어설픈 친절과 배려를 다하지 않았다는 죄책감도 있다. 판단했다는 죄책감도 덩달아 따라온다. 이런 마음의 상태를 자주 겪을 때가 있었다. 그래서 타인보다 내 감정을 살피고, 나에게 스스로 좋은 사람이 되어야 했는데 마음 상태를 살피지 않고, 늘 상대와 주변을 살피는 그런 아이콘으로 살았다.

지금 나는 책을 쓰면서 사람 좋은 사람보다 진짜 좋은 사람으로 살고 싶다는 마음을 갖는다. 진짜 좋은 사람은 남의 마음을 잘 배려하는 사람이다. 진짜 좋은 사람은 가정을 살리는 사람이다. 진짜 좋은 사람은 가족을 사랑으로 돌보는 사람이다. 진짜 좋은 사람은 남편을 살리는 사람이다. 그런데 지금 나는 하나도 제대로 하는 게 없다. 가족도, 가정도, 남편도 제대로 살려내지 못하고 있다.

그래도 책을 쓰면서 많이 변한 게 있다. 남을 더 의식하지 않는 것이다. 옛날 같으면 어찌 사무실에 앉아서 키보드를 두들기고 종이를 맘대로 쓸까? 하지만 지금은 사무실에 앉아서 종이를 맘대로 쓰고 인쇄를 한다. 그리고 남편을 살리는 일은 참 어렵지만 해보려고 노력 중이고, 아들을 위해 가족을 위해 진심을 다해 기도하는 중이다. 기도는 우리를 살리는 영혼의 호흡이라서 끝까지 하나님의 나라에 입성할 때까지 쉬지 않고 하려고 다짐한다.

내가 기도를 좋아하는 것은 기도할 때마다 진실한 하나님의 사랑을 느끼기 때문이다. 하나님의 변함없으신 사랑, 언제나 나와 함께하시는 그 사랑을 날마다 느끼고 나의 삶을 확장하고 있다. 정말로 믿음으로 사는 것이 무엇인지를 알고 주님의 신실하심에 마음 깊이 행복을 느낀다. 그래서 오늘 하루 잘 살았음에 감사하며 산다. 오늘도 나는 해지는 저녁에 노을로 물든 하늘을 바라보며 글을 쓴다. 하늘에 수놓은 아름다운 노을은 오늘 하루 잘 살아냈다고 응원하는 하나님의 메시지이자 하나님의 사랑의 표현이라서 신나고 좋다. 날마다 아이처럼 감동을 되찾고 있다. 감정을 맘껏 표현하고 싶은 욕망도 있다. 하나님은 우리를 걸작품으로 만드시고 심히 좋았더라 말씀하셨는데 심히 좋은 걸작품인 내가 스스로 졸작이 되어 살아가는 모습을 볼 때마다 격려하고 위로하시며 돌아오기를 날마다 기다리신 그 사랑을 이제는 알 것 같다.

기분이 좋다. 글을 쓰고 글로 표현할 수 있는 내가 있다는 것이 좋다.

삶이 황홀한 노을이 될 거라는 생각을 하지 못했는데, 이런 황홀한 노을처럼 빛을 발하게 하시니 좋다.

비가 쏟아지는 날 출근길에 유리창에 비친 빗방울들이 라이트와 함께 별처럼 빛나며 나를 위로했다. 하나님이 "내가 너를 하늘의 별처럼 빛나게 하리라" 하셨던 약속을 이제 이루어가고 계심을 알게 된다. 하나님의 약속은 하나도 변함이 없는데 늘 나는 세상에서 이거 하겠다고 바쁘고 저거 하겠다고 바빴다. 많이 방황하며 오로지 돈을 따라 사는 삶을 살았다. 타인이 기준이 되었고, 타인의 삶이 나의 삶의 본이 되어 나를 보살피지 않았으며 나 스스로에게 좋은 사람이 뭔지도 모르고 살았다. 이제 그런 일은 없을 것이다. 나는 나 자신에게 좋은 사람이 되려면 '하나님의 약속을 굳게 믿고 하나님의 사랑 안에서 떠나지 않아야 한다'는 사실을 알기에 하나님의 말씀과 약속대로 살아갈 것이다.

낙성대역 5번 출구에 있는 에스컬레이터를 타고 출근할 때마다 나는 언제쯤 이렇게 꿈을 이루는 에스컬레이터를 탈까 생각한다. 꿈은 저절로 이루어지는 것이고, 나의 삶의 풍요가 저절로 내 앞에 오는 것이라 믿었는데 그 꿈이 이제 현실이 되어가고 있다. 하나님의 말씀으로 살면 되는 것이었다. 책을 쓰면 되는 것이었다. 책을 쓸 수 있는 기회를 만들어준 '한책협' 김도사님과 권마담님, 스태프에게 감사하다.

그곳이 나의 에스컬레이터였다. 꿈을 이루어주는 에스컬레이터는 '한 책협'밖에 없다. 책을 쓰고자 하는 꿈이 이곳으로 이끌었다. 김도사님의 사랑이 나를 이끌었다. 오늘도 나는 타인보다 나 자신에게 좋은 사람이 되려고 책을 쓴다. 나 자신에게 오늘도 친절한 사람이고자 한다. 나 자신을 오늘도 건강하게 보살필 것이다. 나 자신을 좋은 사람으로 만들고 가족 모두를 좋은 사람으로 만드는 멋진 기적을 만들어갈 것이다.

4 장

마음의 상처가
나를 괴롭힐 때 대처하는 법

⬡ **1** ⬡

상처라는 감정에 무너지지 마라

상처라는 감정은 모두 말로 인한 경우가 많다. 우리는 모두 사람인지라 어떤 말이 상처를 주었는지 상처를 받아서 아파할지 헤아림 없이 말하는 경우가 많다. 말은 본래 잘하면 '천 냥 빚을 갚는다' 하고 '말 잘못하면 뺨 맞는다'는 속담이 있지 않은가? 말에서 그 사람의 인격까지 느껴지기도 한다. 사람을 주변에서 평가하는 마음속의 잣대는 그 사람의 말에 따라 다른 거 같다.

말을 잘 활용하고 말을 글로 바꿔 쓰는 탁월한 능력을 가지면 김도사님이나 권마담님처럼 삶이 멋지고 아름다울 수 있다. 나도 그런 멋진 사람이 되어가고 있는 중이다. 우리는 자존감이 높아서 어떤 경우에서도

'괜찮아.' 하고 스스로 달랠 수 있는 사람이 되어야 하는데 뭔가 주변에서 좋지 않은 일이 생기면 나 때문일 거라며 마음을 졸일 때가 많았다.

회사에 다닐 때의 일이다. 나는 그때를 잊을 수 없다. 나는 농지개량조합에서 일을 했다. 어느 해 여름 7월쯤 도청의 감사를 불시에 받게 되었다. 도청에서 감사반이 저녁 퇴근 후에 불시에 와서 공문을 제대로 잘 보관하는지, 퇴근 후의 안전 문제 등 많은 것을 점검하고 갔다. 그런데 그 점검 중에 캐비닛을 제대로 잠그지 않은 것이 걸려서 시말서를 써서 본부에 제출하고, 본부를 거쳐 도청까지 보고하고 수습했다. 그 과정에서 내가 뭔가 운이 없는 것은 아닌지 하는 불안한 마음으로 그 일들이 수습되기를 기다렸다. 그런데 소장님이 박 양 때문이라고 하신다. 박 양이 제대로 잠그지 않고 가서 이런 일이 생겼는데 재수 없게 감사에 우리 출장소만 걸렸다고 말씀하셔서 역시 나는 재수 없는 사람인가 보다 하고 깊은 마음의 상처를 입고 한동안 힘들게 직장 생활을 했다. 그 시절 나는 무척 당당하게 일하는 기쁨을 가지고 열심히 일하며 살던 때인데 갑자기 소장님의 말 한마디에 풀이 죽어 다녔다.

그래서 우리 출장소에 감사반으로 오신 총괄 도청 계장님을 찾아갔다. 아버지께 여쭤보고 도청 그 계장님 집에 찾아가면서 비싼 양주 한 병을 사들고 갔다. 퇴근 후에 그 감사로 인해 상처를 받았지만 수습할 수 있는 작은 테크닉도 알게 돼서 좋았다. 그 계장님 방문하는 길에 양주 살 생각은 어떻게 했을까? 그때 그 집에 방문했을 때 사진처럼 떠오르는 한 장면이 있다. 예쁜 단층집의 넓은 거실에 고목 가구들이 즐비했다. 나도 고목 가구들을 가지고 살아야지 했던 마음이 그 시절 들었다. 그런데 그 계장님의 얼굴은 보지 못하고 사모님께만 인사드리고 나왔다. 그런데 얼굴은 기억에 없다. 내 마음은 뿌듯했고 잘 해결될 거란 생각이 있었다. 그 이후에 우리 출장소의 모든 일은 조용해졌다. 시말서 몇 장으로 해결되었으니 잘한 거 같다.

왜 모든 일의 귀책이 나한테 있었을까? 지금 생각하면 말도 되지 않는 얘기인데 그 소장님의 말을 다시 생각하게 한다. 소장님이 본인이 원하시는 직원의 채용을 내가 광주에서 밀고 가서 양보했다고 생각하니 그리 말씀하셨구나. 맞아. 처음에는 많이 힘들게 했지. 그런데 점점 일로 승부하고 잘하니까 많이 봐주셨던 기억이 있다.

직장에서 모든 일을 다 해봤다. 롤러로 인쇄지를 밀어가면서 인쇄하는 것을 처음 봤다. 그 후에 복사기가 들어왔다. 복사기가 들어오면서 얼마나 편한지 설계하는 직원들 도와 설계 청타하는 것, 글씨를 예쁘게 쓰는 것 등등 많이 배웠다. 많이 성장했다. 스스로 뿌듯했다. 직장의 일이 적응이 잘되고 타이핑이 주 업무이지만, 출장이 잦은 직원들의 일을 거의 도맡아 일하는 기쁨을 많이 느꼈던 시절이었다. 그때는 직원의 이름을 부르지도 않았고 오로지 박 양으로 불렀다. 박 양이 그 사무실의 만능이 었다. 그 시절의 직원들이 그립다. 시집 온 후로는 한 번 연락도 없이 지 냈다. 다들 잘 살고 계시겠지. 지금쯤 정년퇴직했을 거야. 이 세상에 계 시지 않은 분도 있을 거야. 나는 그 시절에 가장 신나게 일하는 멋진 커 리어 우먼이었다.

직원들의 월급이 나가기 전 근로 소득세, 4대 보험 등 각종 세금을 정 리하고 월급을 통장으로 입금하기 위해 이틀 정도 작업을 하고 가로세로 숫자를 잘 맞추고 점검하는데 그때는 주판으로 일했다. 일을 완벽하게 처리하고 나면 기쁨과 뿌듯함이 넘쳤다. 나는 그 일을 독보적으로 잘했 기에 내 후임으로 온 친구가 서울까지 와서 나에게 전수받고 갔다. 그런 데 지금은 엑셀이 있기에 시간을 많이 걸리지 않고 할 수 있으니 얼마나 좋은 세상인가. 나는 지금 그 일 잘하던 나를 떠올리며 스스로 뿌듯해하 고 있다. 자랑스럽고 당당하게 살지 못했다고 생각했는데 그 멋진 나의 모습이 생각나서 기분이 좋다.

상처라는 감정에 무너지지 않고 살아가는 것은 가장 나답게 잘 살아가 는 것이라 생각한다. 그런데 나는 상처라는 깊은 상처에 함몰되어 살아 갔던 것이다. 처음부터 누가 그리 살고 싶었을까? 다들 서로 잘 살아보겠다고 다짐하고 새 출발을 한다. 나는 나의 삶의 터전을 뒤로하고 부모님을 떠나는 삶을 선택하므로 남편에 대한 의지하는 마음이 컸다. 하루 아침에 직장을 버리고 먼 서울에 와서 시간과 공간이 약 20년 차이 나게 느낀 나의 신혼 시절, 서울이 좋다고 서울 사는 사람 따라 왔는데 시집올 때 가져왔던 살림살이 하나 제대로 둘 수 없는 작은 지하실 단칸방이 거대한 서울의 많은 집들 중 유일한 나의 소유였다. 지하실 단칸방에 세 들어 살면서 직장을 다닌다. 남편이 이라크로 떠나서 서울에서 대학을 다니게 된 동생이 나와 함께 살게 되고, 바로 밑의 동생이 작은집에서 직장을 다니고 있었는데 나에게 왔다. 우리는 방 한 칸에 셋이서 살았다.

결혼을 했는지 다시 자취 생활을 서울로 옮겼는지 알 수 없는 상황에서 살았다. 이라크로 간 남편의 편지가 유일한 소식통이다. 서로 편지로 왕래하면서 연애를 하는 마음으로 신혼의 날들을 보냈다. 편지로 주고받은 그 말들은 참으로 좋았다. 희망이고 그리움뿐이었다. 단칸방 살림살이로 서울에 발 디디고 사는 내가 신통하게 여겨졌다.

신나게 살 거라 생각했던 서울은 내가 알던 서울이 아니었다. 내가 살고 싶어 했던 서울이 나를 많이 힘들게 할 줄 몰랐다. 신혼부터 지금까지 서울이 나를 많이 키웠네. 시골에서 살던 날들보다 서울의 날들이 훨씬 많은데 시골의 추억이 생각나고 결혼 전 서울을 벗어난 추억을 진짜 추억처럼 여기고 산다. 나는 서울에서의 세월이 편하지 않은 큰 상처로 남아 있는 경우가 많은가 보다. 신혼 시절 남편은 이라크 현대건설 현장에서 일하는 해외 파견 노동자였다. 현장 일을 마치고 서울로 왔다. 서울 집에 오기 전에 동생들은 둘이서 자취를 하기 위해 방을 얻어 나갔다. 그때는 마음이 많이 아팠다. 동생들을 내보내고 드디어 남편의 수고로 목돈이 생겨 우리는 지상에 있는 단칸방으로 이사를 갔다.

신혼의 살림살이 장롱, 냉장고, 가스레인지를 샀다. 이제 사는 것 같았다. 그런데 며칠만 평안했던 거 같다. 왜 그리 많이 다퉜는지 늘 티격태격했다. 그때의 말들이 지금도 나에게 남아 있다. 지워버리고 잊어버려야 하는데 처음 듣는 말이고 상처투성이 말들이라서 충격으로 가슴에 남아 있다. 총 맞은 상처처럼 남은 흔적을 이제는 사랑으로 보듬어주어야겠다.

"그래 잘 살았어. 지금까지 살아줘서 고마워. 너는 대단해. 너니까 살았지. 잘 참아줘서 고맙고 사랑한다. 너 이렇게 성공할 줄 알았다. 잘했어. 고맙다. 사랑해!" 모두 잘 살고 잘 참아주었다. 그러니 이제 하늘만큼 높은 사랑으로 오늘을 맞이하자. 바빠도 하늘 한번 보며 어깨를 토닥토닥해주자.

2

지금 당장 행복한 일을 하라

외모 콤플렉스가 나를 괴롭힐 때 지금 당장 행복한 일을 하는 것은 나를 사랑하는 한 방법이다. 나 스스로 행복한 일을 하므로 기분이 전환되고 부정에서 긍정으로 마음이 바뀐다. 나는 노래를 부르는 것을 좋아한다. 예전에는 늘 머릿속에 유행가가 있었다. 노래는 날마다 부르는 나의 영혼의 상태인 거 같았다. 어느 날은 나도 모르게 유행가가 머릿속에서 흐르면서 나를 우울하게 만들고, 어떤 날은 믿음이 충만해서 계속 머릿속에서 찬송가가 흐르고 있다. 날마다 나의 의식을 하나님의 은혜로 채워야 하고, 하나님의 사랑을 맘껏 느껴야 한다. 그럴 때면 영혼이 춤추는 것이라는 것을 기뻐하며 하나님의 사랑으로 가득한 것을 알 수 있다. 신나고 좋다. 무엇을 하든지 어떤 일을 만나든지 나는 하나님과 하나이므로 하나님의 위대하심과 그 무한한 능력에 감사하고 행복하게 통과하는 마음으로 살면 되는 것이었다.

나를 사랑하는 좋은 방법이 있다. 오늘 하루 기분이 어떤가에 따라 그날의 컨디션이 만들어지므로 일을 하다가 무료함이 계속되면 찜질방으로 피신을 간다. 진짜 쉬러 가는 것이고 마음을 바꾸러 가는 것이다. 찜질방에 가면 다양한 사람을 볼 수 있다. 찜질방에 가면 몸이 깨끗해진다. 친구랑 수다를 맘껏 할 수 있다. 몸을 건강하게 만들어 나온다. 나는 찜질방 애호가다. 누가 이 천국을 만들었을까. 하루 종일 있어도 지치지 않고 마냥 행복한 곳이 찜질방이다. 그래서 찜질방에 다녀온 며칠은 휘파람을 부르며 산다. 보통 사람들이 모두 찜질방을 좋아하는 거 같다. 찜질방에 가면 많은 사람들이 찜질방의 나라에서 살고 있는 것처럼 보이니까.

그런데 요즘 코로나로 인해서 찜질방을 가지 못하고 있다. 부동산 사무실은 개점 휴업 상태인데 문을 닫을 수 없고, 한 손님 귀하게 맞이하기가 하늘의 별따기 만큼 어려운 부동산 사무실에서 어떻게 해야 할까를 날마다 고민하며 날마다 마음이 내려앉는다. 현실은 내가 선택한 것의 현현이라는데 내가 언제 이렇게 손님 없는 부동산 사무실의 꿈을 그렸을까? 생각해보면 이것도 사실은 축복이다. 모든 삶의 여정은 축복이라 생각하고 살면 된다. 우울한 기분, 우울한 마음은 기준이 돈에 있기 때문이다. 가게를 오픈할 때는 돈을 벌겠다고 차렸지. 적은 자본으로 가게를 열어놓고 손님이 많기를 기다리는 것이 갑자기 도둑 같은 마음이 든다. 아, 2배의 법칙, 이것을 몰랐구나. 어디에서도 배울 것은 있어. 어디서든 성장하고 자라는 것이 우리의 삶이라서 나는 이곳에서 많이 성장하고 변화하고 있다. 진짜 내 인생을 찾은 것이다. 작가의 삶을 살고 싶다는 생각을 어릴 때 했는데 이제 진짜 작가의 삶을 살고 있다.

부동산 사무실에 앉아서 나는 나를 변화시키고 작가로서의 삶을 완성하고 있다. 부동산 사무실에서 얻은 인생 2막의 길을 제대로 찾은 것이다. 사실은 부동산 사무실에서 일하며 돈을 많이 벌어야겠다는 생각을 했다. 그래서 공인중개사 자격증을 땄다. 이것도 대단한 발전이다. 생각해보면 빨리 어디든 집에 있는 것을 피하기 위해 신중하게 자리를 보지 않고, 나를 원하는 사장님의 말씀만 믿고 덜컥 일을 저지른 나의 삶의 한 단면이다.

나는 빨리 직장을 구해 집에서 탈출하고 싶었다. 한 공간에 남편과 내가 실업자가 되어 같이 있으려니 숨이 턱까지 막혔다. 날마다 침대에 들어가면 제발 내일 아침에는 눈을 뜨지 않기를 하는 마음으로 살았다. 그런 때 연락을 받고 기분이 좋았다. 아, 나를 필요로 하는 곳이 있구나. 익숙한 집 근처라서 결정을 했다. 일해보겠다고, 현실도 피하고 일석이조라 생각하고 무턱대고 결정을 했다. 난 일을 저질러놓고 수습하는 스타일인 거 같다. 지금 와서 생각하면 결혼도 무턱대고 하고 수습하는 기간으로 살았다. 참, 모든 것을 선택할 때 신중하게 하지 않은 것이 나의 성품이었을까? 그래서 이런 환경까지 왔을까? 갑자기 나의 신중함이 없는 성품을 이제야 알게 되었다.

책을 쓰지 않았다면 몰랐을 나의 성품과 성향, 남들에 비해 결단력이 빠를 때가 있지만 또 우유부단한 부분도 많다. 지금 사무실을 계속 출근하는 것도 우유부단해서이다. 진즉 그만두고 집에서 다른 장소를 찾아야 하는데 더 찾고 싶은 마음이 없고, 새로운 사람과 환경에서 살아보는 게 싫은 것일 수도 있다. 오랫동안 심사숙고해본 적이 별로 없이 한번 해야지 하면 나도 모르게 저지르는 성품인 거 같다. 그래서 내가 지금 이렇게 글을 쓰고 있구나.

"성공해서 책을 쓰는 게 아니라 책을 써서 성공해라." 그 문구가 지금도 가슴에 남아 있다. 인생은 머리에서 가슴으로의 여정이 가장 긴 여정이라는데 난 지금 가슴 근처까지 온 거 같다. 그래서 가슴으로 느끼고 가슴으로 사는 삶을 살고자 책을 쓰고 있다. 이 책을 통해 나는 얼마나 변하고 성장할지 모른다. 단지 하나님이 나와 함께하시므로 두려움 없이 가고 있다는 것만 알 뿐이다. 베스트셀러 작가가 되었다. 100억대의 부자가 되었다. 환갑의 나이에 이런 꿈을 10년 목표로 삼고 세월과 함께 늙어가는 것이 아니라 꿈과 함께 성장하고 있는 나를 보게 될 것이다.

하우석 작가의 『인생 5년 후』라는 책을 읽고 참 많이 생각했다. 5년은 대통령이 재임하는 기간이다. 대통령들 모두 나이가 많지만 대통령으로 직무를 훌륭히 수행하고 5년을 보낸다. 그래서 나도 5년의 기준을 대통령 재임 기간으로 정했다. 나는 나를 계획하고 살아보고 싶었다. 그래서 부동산 자격증을 취득했는데 그 자격증으로 나를 변화시키고 인생 5년 안에 정말로 멋진 부자가 되고 싶었다. 벌써 대통령 일하신 지가 3년이 지났다. 이루어놓은 것 없이 3년이 지나기 전, 나는 마지막 내 인생의 돌파구를 만났다. 내 인생이 드디어 빛을 발할 수 있는 저자가 되어가고 있으니 학사학위 박사학위보다 더 가치 있는 것이다.

톨스토이를 비롯해 셰익스피어 등 세상에 큰 영향을 준 작가들이 많다. 작가들이 있으므로 이 세상이 발전하고 생각을 깨우친 것이다. 성경을 썼던 분들도 다 작가였다. 성경이 이 세상에 있으므로 우리가 그것을 삶의 잣대로 삼고 살 듯, 내 인생의 한 부분을 정리하고 작가가 됨으로써 위대한 작가의 반열에 서게 되었다. 난 그런 내가 자랑스럽다. 사는 기쁨을 누린다.

마음과 몸이 힘들거든 당장 신나는 일을 찾아서 하자. 운동을 해도 좋고 산책을 해도 좋고 감정을 다스리자. 감정은 내가 환경에 반응하는 태도이다. 감정에 휘말리지 말고 나의 태도를 긍정으로 바꾸자. 성숙한 영혼으로 살아보자. 그래도 안 되면 억지로 한번 웃자. 그러면 조금은 내 환경이 긍정으로 바뀔 것이다. 모든 긍정 가운데 거하시는 하나님을 느껴보자.

3

남에게 휘둘리지 않도록 내면의 중심축을 세워라

나의 내면의 중심축에는 무엇이 있을까? 나는 내면의 중심축을 제대로 세우고 살고 있는가? 당신의 내면의 중심축은 있는가? 나의 내면의 중심축에는 고집만 있는 거 같다. 결혼한 지 5년 정도 지나면서 남편이 늘 시누이와 시어머니에 휘둘려 사는 모습으로 인해 나는 많이 힘들었다. 그럴 때 혼자 생각했다. 남편에게 자기를 자기답게 하는 개똥철학이라도 있기를. 나는 무엇이든 나와 상의하고 결정하기를 바랐지만 사소한 결정도 늘 전화로 물어보고 상의하는 남편의 태도를 보며 얼마나 비난하고 비판했는지 모른다.

나와 결정해놓고 시댁 가족을 만나면 쉽게 결정을 뒤집는 남편의 태도에 마음이 무너졌다. 지하 3층까지 간 거 같다. 참 어려웠다. 신혼 3년쯤 하안동에 아파트가 당첨되어 아파트에 입주할 생각으로 진짜 아끼고 아끼며 살았다. 중도금을 넣고 잔금을 치를 돈이 살짝 모자라서 우리 둘은 그곳에 입주해서 방을 하나 세를 주고 살면 충분히 가능하다고 생각하며 입주하기로 결정을 했다.

며칠 후 시누이 댁에서 시댁 모임이 있었다. 시골에 계시는 시아버님이 서울에 나들이 오셔서 모인 거였다. 우리 아파트 입주 문제가 대두되었다. 시누이들이 아파트에 살면 생활비가 많이 들고 너희가 살기에는 벅차 보인다고 하면서 남편에게 말하니 남편이 아파트 입주하는 것을 포기하고 생각을 뒤집어버렸다. 결국 입주 못 하고 전세를 주고 말았다.

아들 업고 딸 손 잡고 아파트 들어갈 생각으로 아끼고 살던 내 꿈이 산산이 부서져버려서 완공한 날 아파트 키를 받아 빈집에 들어가서 점검하고 돌아보며 기도하고 많이 울었다. 전세 세입자와 계약서 쓰고 키를 주고 오면서 아이 등에 업고 울고 또 울었다. 참 서글펐다. 한순간에 우리 둘의 결정을 뒤집어버린 남편을 이해할 수 없었다. 그때부터 마음에서 개똥같은 철학이라도 강인한 정신으로 사는 남자가 부러웠다.

나는 한때 내가 굉장한 사람이라고 생각한 적이 있었다. 뭔가 모르지만 나는 굉장히 위대하고 가치 있는 사람이라고 생각했다. 그래서 그 가치 있고 위대한 내가 남편과 살아주는 것이 뭔가 내가 희생하고 뭔가 내가 손해 본 듯한 기분이었다. 지금 생각해보면 건방지고 어이없지만 그때는 내가 손해 보며 사니까 남편은 당연히 나한테 잘해야 하고 당연히 나의 의견에 따라야 한다는 마음으로 살았다. 내가 소중한 만큼 남편도 소중하고 그 개똥철학 없는 것도 이해할 수 있는 여자였으면 얼마나 좋았을까?

명강사 김미경 씨의 『이 한마디가 나를 살렸다』라는 책에서 "내가 누군가를 품을 수 있을 만큼 성장하면 원망의 대상도 이해의 대상이 된다."라는 말이 나온다. 나는 많이 성장했다. 남편의 모든 허물을 담을 수 있는 그런 경지는 아니지만 남편을 조금 이해할 수 있는 마음이 되었다. 나는 나를 잘 성장시켰다고 생각한다.

성장의 배경에는 하나님의 사랑과 남편의 변함없이 한결같은 고결함이 있다고 생각한다. 나의 내면의 아이가 많이 자랐다. 주춧돌처럼 오늘도 나의 삶에서 든든하게 자리를 하고 있다. 나의 환경을 보면 지금도 거의 변함은 없지만 마음 그릇이 다르고 관점이 달라졌기에 나는 진정으로 웃을 수 있고 하루를 살아도 행복하고 기쁨으로 가득하다. "너 참 잘했다. 잘 참았다. 네가 이제 부정의 긴 터널을 벗어났구나."

이제 와서 생각해보면 문제만 크게 보고, 그 문제를 더 끌어안고 더 크게 확장하고 살았던 나의 모습을 본다. 세상을 향한 불평불만이 가득하게 살았다. 나의 외모에 대한 불평불만이 결국은 나의 가정으로 들어왔다. 그 문제의 원인과 선택을 바르게 했다면 좋았을 거라는 아쉬움이 있다. 세상을 향한 원망 대신 나의 내면을 채우고 나의 내면을 가꾸는 일을 더 열심히 공부했더라면 다른 환경과 나의 삶이 되었을 텐데 하는 아쉬움도 있다.

하나님의 신실함을 노래하면서도 그 신실함을 마음 깊이 믿지 못하고 혼자의 힘으로 남편과의 관계를 개선시키고자 애썼다. 노력해도 허사이다. '뭐가 문제지? 어떻게 하면 혼자 살까? 어떻게 하면 덜 힘들까?'를 생각하고 살았다. 그게 아니라 정확한 목표와 목적 있는 삶을 정하고 하나님의 은혜를 구하며 나의 마음그릇을 키우고 진정한 사랑으로 나아가야 했던 것이다. 그런데 몰랐다. 오로지 남편을 미워하고 원망하는 것이 나의 일과이고 습관이었다. 부정만 생각하는 나는 또 다른 부정의 환경을 가져왔다. 많은 시행착오, 몇 바퀴의 되풀이 과정을 통해서 나를 알게 되고, 이제야 맑은 하늘처럼 청명하게 보이는 하나님의 사랑과 나라를 알게 되어서 좋다.

긴 방황 긴 어두움을 겪었다. 설명하면 결혼생활 35년 동안 12번 남편의 직업 전환이 있었고, 이직과 쉼을 반복했다. 내 가정의 삶은 안정과 흔들림, 안정과 흔들림의 연속이었다.

나의 사명은 나를 알고 있는 가족과 주변을 하나님의 사랑으로 사랑하고 아끼며 감사하며 사는 것이다. 이제는 이 사명을 붙들고 진짜 인생을 살아내려 한다. 뭔가 단단한 마음으로 세상에 나를 세우는 깃발 하나 꽂으려 책을 쓴다. 책을 써서 성공해라. 책을 써서 퍼스널 브랜딩 하라는 '한책협' 김도사님의 말씀이 진짜로 세상을 사는 지혜로 느껴진다. 나는 책을 쓰면서 나의 각오와 사명과 나의 사는 목적과 목표를 정하고 살아가고 있다. 나이 먹은 내가 버킷리스트를 작성하고 그것을 가슴에 품고 하나님께 기도하며 나아가고 있다. 그 리스트가 반드시 이루어질 거라 믿으며 오늘도 어린아이처럼 주신 환경에 감사하고 최선을 다해 행복을 선택하려 한다. 책을 쓰며 진실한 나와 마주할 수 있어 행복하다. 이 행복을 안다는 것이 진정한 삶이다. 고맙고 사랑스런 나이다. 제2의 인생을 다시 시작하는 나에게 맘껏 박수와 격려와 축복을 한다. 나는 나를 응원한다. 나의 노후 인생 2막을 기대하시라. 나처럼 자신 있고 당당하고 싶으면 '한책협'을 검색해보시라. 여러분은 당당하고 싶지 않은가? 기죽지 마라. 삶은 내가 마음먹기 달려 있다.

지금의 내 마음에 딱 맞는 시 한 편을 남겨본다. 모두 파이팅!

마음속에 잠자고 있는 이상을 깨워라

김태광(김도사)

모든 것은 자신의 마음에 달려 있다.

가난하다고 생각하면 가난해질 것이고

불행하다고 생각하면 불행해질 것이다.

대부분의 사람들은 자신의 마음속에 잠자고 있는

이상을 깨우지 않는다.

나침반도 자석과 접촉하기 전에는

아무 방향이나 가리키던 바늘에 불과하다.

그러나 자석과 접촉한 순간부터

길을 잃은 배를 항구로 무사히 인도해주는

힘을 지니게 된 것이다.

모든 것은 자신의 마음에 달려 있다.

행복하다고 생각하면 행복해질 것이고

풍족하다고 생각하면 풍족해질 것이다.

생각은 자석과 같아서

긍정적인 생각은 긍정적인 생각을 끌어들이고

부정적인 생각은 부정적인 생각을 끌어들인다.

자, 이제 어떤 마음을 가질 것인가.

자신에게 한번 물어보라.

믿음을 가지고 이상을 실현하기 위해 노력하라.

믿음과 이상이 있는 사람에게는

시련이나 고난은 몸을 단련시키는 운동기구와 같다.

자, 기억하고 또 기억하라.

대부분의 사람들이 인생의 위층은 거의 사용하지 않은 채

음습한 지하실에서 살아가고 있다는 것을.

나를 행복하게 하는 것이 최고의 선택이다

나는 요즘 행복하다. 책을 쓰러 다니면서 많은 변화를 맞이했다. 꿈 부자, 마음 부자, 돈 부자, 행복 부자, 기쁨 부자, 부자들만 있다. 어떤 사람을 만나도 꿈이 가득하고 꿈이 있어 행복한 얼굴이다. 그중에 나도 꿈 부자이다. 버킷리스트를 쓰고 나는 그 꿈에 기도를 더하는 중이다. 하나님의 이루어주실 그 사랑에 감사해서 날마다 기뻐하며 살고 있다.

오늘은 해피데이로 아침에 정했다. 출근해서 행복만을 선택하고 있다. 삶은 모두 선택이기에 오늘은 아주 행복하려고 작정하고 행복만을 선택하고 있다. 이것이 나의 외모 콤플렉스를 이기는 멋진 모습이다. 작은 키는 콤플렉스가 아니고 아주 특별한 하나님의 작품이었다. 키 작은 사람 모두가 콤플렉스를 갖는 것은 아니었다. 유달리 나만 적응하지 못하고 마음에서 규정 지어 살았던 것은 환경이 나의 콤플렉스를 더 느끼게 했기 때문이었다.

하나님은 공평하시고 사랑의 결정체이고 변함없는 진리 안에 있으며 부정은 단 하나도 없는 분이시란 걸 안다. 내가 진짜 부자인거 같다. 많은 것을 알게 되면서 많이 기쁘고 행복하다. 희망이라는 그릇을 마음에 담았다. 과연 환갑의 나이에 이렇게 나의 책을 쓸 거란 생각을 해본 적 없었다. 기쁨이 충만하다. 코로나로 마스크를 하고 살지만 입으로 생각으로 마음으로 늘 하는 말은 '감사합니다. 축복합니다. 사랑합니다'이다.

나는 내가 좋다. 이게 입에 익숙한 내 말이 되기까지 많이 어색했다. 친하지 않은 친구처럼 맞지 않은 옷을 입은 것처럼 언제나 어색했는데 이제는 내 옷처럼 좋다. 맞춤옷이다. 나는 진정 하나님의 자녀이고, 하나님은 나의 아버지다. 하나님이 내 생명을 주셨고, 하나님이 나의 생명 안에서 영혼으로 나를 돌보고 계심을 알기에 행복하다. 내가 원하는 것을 맘껏 지원해주신다. 칭찬해주신다. 사랑한다고 끊임없이 말씀해주신다. 날마다 응원해주신다.

멋진 나의 하나님은 언제나 나와 함께하셨는데 난 현실만 보고 살았다. 현실에 보이는 것은 아주 작은 것이고, 보이지 않는 진짜의 삶이 우리가 알아야 하는 세계였다. 우리는 영혼의 존재로서 영혼 속에 거하시는 하나님을 많이 느껴야 한다.

어떻게 함께함을 알 수 있는지는 기도하면 알 수 있다. 하루에 최소한 5분이라도 기도하는 습관을 가져보자. 기도하면 행복해진다. 기도하면 세상을 이길 힘이 생긴다. 나와 동행하시는 하나님의 능력과 지혜와 사랑을 덧입게 된다. 왜 이리도 한숨 속에 부정 속에 살았던 걸까? 그것은 나의 말과 생각이 늘 부정적으로 나를 끌고 갔기 때문이다.

나는 부정적인가? 긍정적인가? 한번 나를 생각해보자. 지금 당장 생각나는 단어가 예쁜 말이면 긍정적이다. 긍정만 선택하며 살자. 긍정은 하나님의 세상이다. 나는 나를 부정 가운데에, 남들의 시선에, 엄마의 말에 묶어두고 살았다. 늘 우리 엄마는 "키가 조금만 더 컸으면 얼마나 좋아. 내가 네 키 때문에 맘이 아프다."라고 하셨다. 나는 엄마의 걱정거리였으며 엄마의 마음을 아프게 한 사람이다.

신혼 때 남편이 중동에서 돌아와서 같이 살면서 혼자서 시골에 갔다. 아이를 임신해서 집에서 쉬고 싶고, 엄마 보고 싶어서 시골에 갔는데 내가 남편에 대한 불평을 잠깐 했다. 엄마는 그 얘기를 아버지에게 했다.

아버지는 시골에서 며칠 쉬고 돌아오는 나를 버스 정류장까지 승용차로 태워주시면서 서울로 가는 딸을 배웅하셨다. 그런데 운전하시는 내내 내가 너한테 미안하다 하신다. 너를 억지로 시집 보낸 거 같아 미안하다고 하셨다. 그 말을 들은 나는 더 미안하고 맘이 아팠다.

사실 남편을 선택하고 결혼하겠다고 한 것은 나인데 왜 아버지가 미안해하실까? 난 딸로서 불효를 했다고 느껴져서 끝없이 미안했다. 처음에는 조금 원망하는 마음도 있었는데 그것은 나의 선택을 존중하지 않는 나의 태도와 책임의 문제라서 내가 감당하는 것이 맞다고 생각했다. 그래서 마음을 바꿨다. 선택은 내 몫이니까 내가 이 결혼생활을 책임지고 살리라 다짐했다.

서울로 오는 버스 차창 밖으로 스치는 날씨가 화창하고 아름답다. 그래서 더 슬프다. 부모님께 효도도 제대로 해드리지 못하고, 결혼까지 맘을 아프게 하니 나는 진짜 더 쓸모없는 사람처럼 여겨졌다. 세상에 태어난 내가 미안했다. 마음속에 미안함과 죄송함이 가득하다. 많이 울고 서울로 와서 다시는 결혼생활 얘기는 하지 않았다. 혼자 감당하고 살 일이었다.

딸이 태어났다. 딸이 태어나던 해 남편 친구 회사에 이름만 올려놓고 다른 데서 일을 하면서 직장 의료보험으로 가입된 자로 아이를 낳으러 갔다. 그때는 한 달 월급이 35만 원이었던 걸로 기억한다. 그 돈으로 생활하고 저축하고 아파트 중도금 내고 어떻게 살았는지 지금 생각하면 기적처럼 살았던 거 같다. 돈의 가치가 그만큼 있었으니 1,000원 들고 나가면 하루 저녁 반찬을 살 수 있는 충분한 돈이었다. 그래서 작은 월급이지만 알뜰하게 살면 살아갈 수 있었다.

나는 집에서 쉬면서 아이를 키웠다. 날마다 육아 일기를 쓰며 아이 키우는 재미에 푹 빠져 살았다. 사실은 아이 낳으면 아이 버리고 도망가야지 하고 참 많이 생각했다. 남편의 성품을 맞추기 힘들고 살 수 없을 거 같았다. 그런데 세상에 지금까지 같이 사는 거 보면 참 무던한 나다. 아이는 천사였다. 날마다 나를 기쁘게 했다.

하루는 웃음으로 하루는 기적으로 날마다 나는 천사를 대하듯 사랑스럽고 곱고 예쁜 딸을 키우고 있었다. 하는 짓이 영리하다. 지금도 아이 때 기억이 있다고 한다. 말만 못 했지 다 알 수 있었다는 우리 딸의 말이 처음에는 믿어지지 않았는데 요즘은 더 믿어지고 있다. 간혹 그런 사람이 있다고 하니까. 특별하고 영리한 내 딸을 나는 어린아이로 키우지 못했다. 나의 외로움과 아픔을 잊으려고 딸을 끌어안고 많이 울었다. 딸과 함께라면 세상을 이길 수 있는 힘이 나는 것을 그때 알았다. 딸의 작은

품에 기대어 울며 위로를 받았던 것이다.

그래서 지금도 생각하면 우리 딸에게 미안하다. 그 딸을 아기로 보지 못하고 언제나 내 품안에 있는 친구요 동료요 위로자로 봤다. 여자아이라 눈치가 좋았다. 엄마의 기분을 잘 살핀다. 그때 이동도서관을 통해서 책을 빌려보기도 했다.

그 시절에 나는 딸과 함께 행복한 육아 일기를 24개월 꼬박 썼다. 지금도 가끔 육아 일기를 보면 가슴이 멍해진다. 그때 딸의 성장 스토리를 내가 기적처럼 맞이하고 봤으므로 가끔 우리 딸이 나의 마음을 불편하게 하면 나는 그때의 모든 기억으로 너의 효도를 다했노라고 딸아이에게 화난 부분을 딸의 모든 것을 탕감한다.

'나를 행복하게 하는 것이 최고의 선택이다'는 말은 진리이다. 내가 행복해야 세상에 살아갈 힘과 능력이 생기고 나를 통해 가족과 가정을 살리는 일에 열심을 다하기 때문이다. 지금 나는 행복하다. 지금 이 순간 최고의 선택을 했다. 오늘 하루 행복하리라 다짐하고 출근했는데 하루 종일 행복한 일을 많이 봤다. 생각하지도 않은 친구의 방문, 사장님의 사랑의 징표인 봉지 커피, 오늘 모든 것이 작은 것이지만 순간순간 행복으로 충만하다.

오늘 하루 행복을 선택해서 살아보니 좋다. 하나님의 사랑이 넘치는 손길을 느껴보자. 난 오늘 바람으로 말씀하시고 구름으로 말씀하시고 나뭇잎으로 흔드시며 말씀하신 하나님의 격려의 손길을 느꼈다. 모두 행복을 선택하자. 행복은 최고의 선택이다.

5

현재에 감사하는 마음을 가져라

세상에서 가장 비싼 금은 '지금'이다. 바로 이곳에 있는 존재를 알 수 있는 시간이 현재이고 지금이다. 무슨 일을 할 때에도 언제나 '지금 하지 않으면 언제 할 건가?'라고 스스로 물어보자. 언제나 지금 시작하고 지금 하는 것이 가장 좋다는 뜻이다. 현재가 있음으로 미래가 있고 과거가 있다. 그런데 현재는 몇 분 몇 초에 불과한 우리가 규정해놓은 시간이다. 내가 존재하는 시간을 느낄 수 있는 것은 현재뿐이라서 현재를 소중히 여기고 감사하는 마음을 가지라는 것이다. 시간은 영원하기 때문에 언제나 현재가 있는 것 같지만 언제나 과거로 보내는 시간 속에서 우리가 살고 있다. 대부분의 사람은 시간을 흘려보내고 있다고 생각한다. 나도 그런 경우였다.

대부분의 나이 먹은 사람들의 공통점은 시간이 매우 빠르게 지나간다는 것을 느낄 수 있다는 것이다. 익숙한 하루의 반복이라서 그런 거 같다. 오늘이 어제 같고 어제가 오늘 같고 익숙하고 반복된 삶이 하루를 빨리 지나치게 만든다. 그래서 나이대로 세월이 간다고 하지 않던가. 30대는 시속 30km로, 50대는 시속 50km로, 60대는 시속 60km로 느낀다는 말이 있다. 그런데 날마다 새로운 일에 도전하고 날마다 결과물을 만들어내는 사역을 하면서 살면 나이를 생각하지 않고 살 수 있을 것이다.

인생의 시작은 우리 모두 같았다. 나이를 먹으면서 사회생활을 같이 하는 친구들의 삶의 질의 차이, 돈의 차이가 능력의 차이다. 그 능력의 차이는 1도에서 시작된다. 어떤 친구는 1도 다른 삶을 살기 때문에 인생의 끝에서 확연한 차이를 느낄 수 있다.

내가 그렇다. A 친구와 같이 시작을 했는데 나는 변함없이 그저 그렇게 살고, 그 친구는 재테크니 뭐니 돈과 관련된 지식으로 정보를 얻어 열심히 없는 가운데서도 빚을 내고 노력하더니 강남의 아파트를 몇 개씩 가지고 살고 있다. 그 친구로부터 정보를 받으려고 애를 썼지만 기회가 닿지 않아서 나는 운명처럼 여기고 살았다. 운명이란 없었다. 단지 자신이 만들었던 결과들이 현재에 드러나고 존재할 뿐 우리는 현재를 어떻게 어떤 생각으로 사느냐에 따라서 또 다른 미래를 맞이할 수 있다.

지금 간절한 마음으로 미래를 만들어보자. 지금 현재 삶의 결과물은 전에 내가 상상하고 꿈꾸고 내가 만든 창조물이다. 환경을 한번 들여다보고 생각해보라. 지금의 상황과 가지고 있는 것, 내가 보고 싶고, 갖고 싶고, 보기 싫고, 싫어하고, 내가 좋아하는 것이 있지 않은가? 싫어한 것이 현실에 있을 때가 소름 돋는다. 나도 그랬다. 이제는 현재의 생각과 마음을 정확하게 좋은 것으로 선택하고 좋아하는 것을 분명히 표현하고 말하고 생각하며 꿈꾸는 미래를 창조하는 일에 최선을 다하고 있다. 요즘 뜨는 이서연, 홍주연 작가의 책『더 해빙』에서 우리는 모두 많은 재물을 가질 권리와 누릴 권리가 있다 하지 않던가? 평균 37억에서 85억까지 벌 수 있다고 한다. 우주는 이 준비한 것을 모두 누리고 살라고 한다. 우리가 가져갈 것을 기다리는데 우리가 분명하게 요구하지 않고 분명하게 원하는 바를 모르고 명확한 것을 말하지 않으므로, 원하지 않는 것도 자신의 생각에 있으므로 그대로 우주님이 주신다는 것이다. 이 우주를 다스리는 이는 누구신가? 바로 하나님이다. 우리 하나님은 이 우주의 원리를 이용해서 다스리고 계시기에 우리 모두 공평하게 분명히 요구한 대로 누리고 사는 것이다.

미래는 밀가루 반죽이나 찰흙과 같아서 내가 만들어갈 수 있다는 것을 알고 있는가? 만드는 방법은 각자 지금까지 삶을 돌아보면 분명하게 보일 것이다. 가진 것에 감사하라. 느낌으로 감사하라. 날마다 가진 것, 감사하고 있는 것에 집중하라는 것이다. 없는 것, 쓸 것, 사라진다는 부족함에 집중하는 마음을 가지지 말고 있는 것, 쓸 수 있는 여력이 있는 것에 집중하고 살며 감사함으로 살아라. 이미 부자들은 다 실천하고 알고 있는 사실인데 우리는 주시는 것도 누리지 못하고 환경 탓, 운명 탓만 하고 있으니 1도의 다른 생각과 행동의 차이가 세월이 지난 후에 보면 엄청난 차이를 만들었다는 것을 실감하게 된다.

현재의 시간은 금과 같다. 금처럼 귀한 시간을 감사하고 행복한 마음으로 살아보자. 지금의 시간이 가장 소중하다. 이 소중한 시간에 나는 지금 창조를 하고 있다. 글을 쓰고 책을 만들어가는 것은 창조자다. 글을 쓰다 보니 원하는 방향으로 흐르는 글을 쓰지 않을 때가 있다. 그러면 그냥 흐름에 맡기게 되는데 이 꼭지가 그렇다. 내가 원했던 방향의 글이 아닌데 왜 이 내용을 쓰고 있을까? 나도 모르겠다. 내용 없는 엉성한 내용도 있어야 한다는 건가?

지금 시간은 새벽 5시. 새벽 3시 30분부터 책상 앞에 앉아서 글을 쓰고 있다. 나는 행복하다. 앞으로 나의 미래는 환하기 때문이다. 명확하고 분명한 것을 요구하고 좋아하는 것만 요구하고 생각하는 내가 되어가고 있다. 생각을 붙잡고 긍정의 생각으로 긍정의 마음으로 노력하던 것이 이제는 자동으로 거의 긍정의 생각만 하게 되었다. 그래서 좋다. 어떤 환경과 어떤 상황에서도 긍정만 보고 긍정만 생각하며 모든 좋아하는 것을 찾아 하고 있으니 감사하다. 늦은 나이에 별걸 다한다고 하는 사람도 있을지 모르지만 늦은 나이란 없는 세상에서 열심히 긍정으로 채우는 중이다.

명확한 목표를 모르고 살았다는 것을 글을 쓰면서 알게 된다. 맞다. 나는 정말로 명확하게 목표가 없었다. 목적도 없었다. 그냥 실상에서 드러난 문제만 보고 그 문제에 함몰되어 문제만 해결하기 위해 애쓰면서 그게 최선인 것처럼 살았던 것이다. 이제 와서 생각하면 참 지혜롭지 못했다. 방치한 나 자신이 스스로 안타까울 뿐이다.

이제 나는 나를 제대로 알고 명확한 삶의 목표와 살아가는 이유를 알게 되었으니 나이와 상관없이 나의 인생을 제대로 조각하는 중이다. 졸작으로 세상에 드러났던 나의 작품을 명작으로 만들기 위해 오늘도 행복하게 하루를 시작하는 것이다.

새벽 하늘이 잠깐 사이에 많이 변했다. 하나님도 이 시간 열심히 일하신다. 날마다 쉬지 않고 창조하시고 일하신다. 나도 하나님의 자녀로서 열심히 창조하고 나의 삶을 멋지게 만드는 명창조자가 되어가는 중이다. 남은 미래가 있으니 좋다. 당당하게 요구할 것이다. 나의 미래를 명작으로 만들어달라고 명작의 창조자로 오늘을 살며 긍정만 생각하는 사람으로 살겠다고 말하고 있다.

　현재를 금처럼 가치 있게 열심히 살자. 열심히 산다는 것은 지혜롭게 산다는 것이다. 지혜롭게 산다는 것은 마음을 긍정으로 가득 채우고 자신의 행복을 만드는 것이다. 우리 모두 현재에 감사하는 마음을 갖고 미래를 화려하게 만들어보자. 창조의 조각칼은 당신의 손에 있다. 창조하는 미래에 대한 능력은 무한하다. 하나님, 행복, 사랑, 기쁨, 감사, 지혜, 하늘, 엄마, 축복…. 모든 긍정의 말들을 지금 당장 사용하자. 다른 부정의 말들과 생각은 버리자.

6

감정은 날씨와 같아서 이런 날도, 저런 날도 있다

우리의 감정은 날씨와 같다. 흐린 날도 있다. 비 온 날도 있다. 맑은 날도 있다. 바람 부는 날도 있다. 변화 많은 날씨라서 우리의 인생이 날씨처럼 흔들리면서 살 수 있다. 나는 특히 비오는 날이 좋다. 비가 올 때는 비를 온몸으로 맞이하고 싶은 마음이라 우산 없이 비를 맞고 다니기를 좋아한다. 비 오는 날 신발을 들고 빗속을 맨발로 걸으며 버스 정류장에서 내려 집으로 들어오는 길, 잠깐으로 기분이 좋아서 가끔은 그런 날을 만든다. 언제부터 이런 시원함이 좋다. 오전에 잠깐 비가 오다 말았다. 비가 오니 공기가 시원해지고 차가운 공기가 되어 나는 몸이 카멜레온처럼 변화의 감지가 심해 날씨에 따라 몸이 딸꾹질을 한다. 비오는 날은 여전히 딸꾹질이 있다. 딸꾹질을 많이 할 때는 거의 2시간 정도를 하는데 요즘은 거의 2~3번으로 끝내서 좋다.

비 온 후의 맑은 날씨는 세상에서 가장 청명하고 아름답다. 밝은 빛을 주고 아름다운 햇볕을 주고 하늘의 사랑이 느껴지고 하늘의 맑음으로 나무와 잎들이 살랑살랑 춤추며 노래하고 바람의 쓰다듬는 손길이 피부에 느껴지면 나는 행복하고 들떠서 춤을 춘다. 아이처럼 펄쩍펄쩍 뛸 때도 있다. 이런 날은 이렇게 행복하다. 이런 날이 있어서 좋다. 최고의 기쁨의 감정이다.

작년 어느 바람이 심하게 부는 날이었다. 모 아파트 상가 부동산에서 일하는 중에 고객님이 오는 시간에 심한 바람과 비를 만났던 일이 있었다. 태풍처럼 무서웠다. 바람은 꼭 비와 함께 오는 경우가 많다. 바람은 혼자 오는 경우가 없다. 비와 친구가 되어 오면서 온통 나무를 흔든다. 고목처럼 아름답게 있던 나무들이 이리 흔들리고 저리 흔들리며 몸살을 앓고 있다. 안타깝다. 나무의 아픔이 느껴져서 안타깝고 안쓰럽다. 견디지 못한 나무는 바람에 굴복하고 여기저기 상처투성이가 되었다.

꼭 빚에 시달리던 가족의 모습 같다. 빚을 진 후 모든 것을 내어주고 길바닥으로 나와서 갈 길 없는 빚쟁이처럼 부러진 나뭇가지들이 바닥에 널브러져 있다. 그 나무들을 보노라니 드라마 속 한 장면이 생각이 났다.

바람 불고 비 오는 태풍 앞에 흔들리던 가로수와 아름드리 고목들이 흩어진 동료들을 달랠 힘도 없이 서서 조용히 햇빛을 받고 있다. 갑자기 동료들을 떠나는 나뭇가지들은 조용히 정리되고 원래 있었던 그 자리에서 많은 사연을 안은 채 서 있는 가로수가 한없이 안쓰럽고 불쌍했다. 말없이 바라만 봐야 하는 그 나무는 바람 불고 비오는 날씨가 얼마나 미울까? 그래도 말이 없다. 살아 있는 모든 것이 말을 한다면 세상은 시끄러워 살수 없을 것이다. 나무의 숱한 사연을 알고 있는 사람이 있을까? 그날 그날 보이는 나무의 조용함에 그 자리에 늘 있었던 나무도 기억 없이 바라보는 우리다.

나무들의 시달림이 끝나도 남은 나무들은 꿋꿋이 살아간다. 나무를 보면 늘 반성한다. 조용하게 회오리 같은 삶의 흔들림에 시달리며 살아간다. 나무들이 있어서 시멘트 가득한 아파트가 예뻐 보인다. 우리도 날씨를 통해 감정의 뿌리까지 흔들리고 감정의 기복이 심해서 울기도 하고 울부짖기도 하지만 나무가 흔들림 없이 사는 것처럼 발걸음 하나하나에 우리의 희망과 사랑을 본다.

감정은 날씨와 같다. 감정이 있어서 우리는 슬픔, 기쁨, 행복, 고통도 느끼고 살아간다. 감정이 없었다면 생각이 자라지 않았을 것이다. 마냥 어린아이처럼 기쁨과 행복만 있었다면, 깊이 없는 감정이었다면 성장과 성숙이라는 단어는 없었을 것이다. 감정은 우리에게 꼭 필요하고 이런 감정 저런 감정을 느낄 수 있음이 행복하다.

날씨는 나쁜 날이 없다. 우리가 그저 단순하게 궂은날이라 말하는 경우가 있지만 사실은 좋은 날만 있다. 그래서 좋다. 날씨가 좋은 날만 우리에게 주시는 것이다. 날씨의 변화에 감사하지 않은 날이 없다. 날씨 입장에서 보면 언제나 좋은 날이다. 우리 입장에서 좋고 싫고 기호가 있을 뿐이다. 날씨는 하나님의 감정 표현 같다. 안개 낀 날은 조용히 하늘에서 땅을 만지고 사랑한다고 쓰다듬고 있는 것처럼 보이고, 비 오는 날은 나뭇잎 하나하나 만지고 악수하며 춤추고 노래하는 것처럼 보이고, 바람 부는 날은 나무들의 깊은 속에 있는 불필요한 잎들과 시들해진 잎들과 가지들을 떨쳐내고 더 깔끔하게 청소하는 날이다. 눈 오는 날은 화려하게 장식하는 날이다. 밤에는 나무들이 잠을 자며 내일을 위해 준비하는 것이다.

날마다 감정이 변하듯 날씨가 변하고 있다. 지금 생각하면 내 감정이 기쁨만 있었던 것도 아니고, 슬픔만 있었던 것도 아니고, 심한 슬픔이 느껴져 울고 나면 평온함이 찾아왔다.

내가 초등학교 6학년때 아버지가 군청으로 발령을 받아 군청 소재지에 엄마 동생들이 같이 이사를 갔다. 나는 6학년이라 전학시키기 힘들다고 나를 두고 갔다. 학교 다니지 않는 딸로 5번째 딸인 동생이랑 나만 두고 이사를 갔는데 그때 나는 많이 슬펐다. 밤마다 엄마가 보고 싶고 아빠가 보고 싶어 울었다. 같이 살던 할머니가 한마디 하신다. "저 년이 엄마 없으니까 말을 안 듣는다." 엄마 없어도 나는 똑같은데 할머니는 자꾸 나무란다. 할머니의 말 한마디에 서운해서 엄마 방에 쪼그리고 앉아서 울고 또 울었다. 몇 년 전까지도 그 생각이 나면 늘 안쓰러운 나를 안고 많이 울었다. 몇 년을 그 생각으로 울었더니 그 서운함이 사라졌다.

슬펐다고 죽지 않았고, 곤고한 날이 계속 되어도 죽지 않았고, 즐거운 날이 있어도 그냥 살았다. 나는 요즘 나를 날씨만큼 변화무쌍하게 감정의 색을 입히고 살아가고 있다. 기쁜 날은 노랑색으로, 슬픈 날은 초록색으로, 감사한 날은 하늘색으로, 흥분한 날은 빨강색으로 날마다 신나게 색칠하며 사노라면 무지개 같은 아름다운 다리를 만들어 살 수 있을 것 같아 참으로 좋다.

오늘은 아들과 모처럼 많은 얘기를 했다. 우리 모두는 상처를 주고 상처를 받으며 살았다. 아들의 상처를 싸매어줄 방법은 아들 자신의 책을 쓰게 하는 것인 거 같다. 내가 내 책을 완성하고 나면 아들에게도 책을 쓰라고 권하며 도와주고 싶다. 세상에 태어난 아들이 고맙다. 자기를 키우면서 행복했는지 물어본다. 아이 때는 다 예쁜데 정말 귀엽고 예쁜 아들이었다. 그런데 내가 원하는 아이는 아니었다. 그래서 참 힘들게 키웠다. 살고 싶은 아들은 나에게 집착하고 화장실 가서 보이지 않으면 울었다. 울음 많은 아들의 이유를 알 거 같다. 사랑받고 인정받고 싶었던 것이다. 아들, 고맙다. 사랑한다. 못 해준 말을 더 많이 하고 안아주며 살아야겠다.

7

분노에 사로잡혀 감정과 시간을 낭비하지 마라

억울한 일을 당했거나 억울함을 풀지 못했을 때 분노에 사로잡히게 되는 경우가 있다. 내가 거의 2달을 분노하고 살았던 적이 있다. 전화상으로 일방적으로 당했는데 그 일방적으로 당한 날에는 그리 분하지 않았는데 다음 날부터 날마다 전화기만 보면 부글부글 끓어올랐다. 전화기를 없애버렸다. 몇 년 전 시누이 전화가 왔다. 나의 사는 일을 일일이 지적하면서 '아들, 딸 제대로 키우지 못했다. 남편도 제대로 케어도 못 했다. 벌어놓은 돈도 없다. 네가 시집 와서 한 게 뭐냐'라고 2시간 정도 말했다. 어떤 내용은 인정도 했다. 맞다. 아이들 제대로 출세시키지 못했지만 인격을 갖춘 사람으로 키우기 위해 나름대로 최선을 다했다. 남편은 밥해주고 빨래해주고 겉절이 김치 2주에 한 번씩 담그며 밥을 해주었다. 인격

고매하신 남편의 폭언과 폭행에 할 수 있는 나의 최선의 방법은 교회서 우는 것뿐이었다.

시누이의 얘기를 들으면 화가 머리 끝까지 난다. 누나는 동생의 상태는 모르는 거 같다. 인격장애와 정서장애를 가지고 살고 있다는 것을 알기는 하는 걸까? 왜 나는 아무것도 모르면서 결혼을 했을까? 이렇게 험하게 살기 위해 결혼을 했던 것일까? 또 시누이의 말에 한마디도 대꾸 못하고 듣기만 했던 나는 그 전화를 받았던 자리만 가면 혼자서 화를 내며 시누이가 앞에 있는 것처럼 날마다 말을 한다. 출근해서 일하고 있는 시간에는 생각을 안 한다. 그런데 집에 돌아와 전화기를 보면 그 전화기가 나를 노려보고 말하고 있는 것처럼 여겨져서 전화기를 없애버리고 말았다.

그 격분된 마음으로 2달 정도를 살았다. 나도 모르게 계속 생각나는 것을 막을 수 없었다. 그런데 신기하게도 세월이 약이라고 세월이 흐르니까 차츰차츰 줄어들더니 다시 일상의 삶으로 돌아왔다. 그때 그 억울함을 남편에게 말했다면 남편은 또 흥분해서 누나에게 말했을 것이다. 결혼해서 지금까지 4~5차례 억울하게 전화로 당했다. 난 그런 일이 있은 후 요즘은 핸드폰이 울리면 전화기를 보고 신분을 확인한다. 이 기능이 있어서 나는 좋다. 차단하고 거절하면 마음은 불편하지만 들어야 할 말로 인한 상처를 받지 않아서 좋다. 일상의 나로 돌아오고 일상의 나로 사는 내가 좋다. 차단하고 산 지 2년 정도 지났다. 나이 먹으니 용감해진 거 같다. 늘 시누이 눈치 보며 살았었는데 이제는 용감한 나도 있다는 것을 보여주고 있다.

무엇이든 나의 자존감의 문제이고, 나의 삶의 패턴을 이해하지 못한 내가 문제였음을 알게 되었다. 세상에 자신을 제대로 알고 신나게 사는 사람이 많다. 나도 지금 성장하는 중이다. 이것도 저것도 완벽함 없이 시누이가 지적하듯이 온전한 것 없는 삶을 살던 나이다. 이제는 야무지게 살려고 나를 돌아보고 나를 드러내는 중이다. 이런 시간이 올 줄이야. 감동스럽다. 분노에 사로잡혀 감정과 시간을 낭비했던 지난날을 지금도 생각하면 울음이 난다. 가끔 과거의 나로 되돌아가 나를 끌어안고 울어주고 안아준다.

오늘도 아들의 완성된 미래를 보며 기도한다. 잘하고 있을 아들이기에. 그리고 남편도 완성된 모습으로 생각한다. 딸도 완벽하고 아름다운 모습에 감사한다. 우리는 모두 완벽한 존재로 살고 있는 것만으로도 존중받아 마땅한데 모자란 부분만 보고 살았으니 눈에 보이는 대로 비판하고 판단했던 내 모습이 보인다. 하나님의 시선으로 보면 서로 아픈 상처 투성이 가정에서 투견들이 사는 것 같았을 것이다. 무서운 투견이 울부

짖으며 한 마리를 찢어놓고 나면 두 번째 투견이 약한 아이들을 돌보는 게 아니라 그 아이들에게 자기 상처를 드러내며 화를 내고 용납하지 못하고 나의 틀에 가두려고 했으니 얼마나 아들딸의 입장에서 힘들었을지 짐작하게 된다.

특히 아들은 성품이 여리고 착한 성품이라서 나의 성향으로는 원하지 않는 남자의 성품이었다. 그래서 아빠와 비교하며 많이 야단을 치며 키웠다. 어느 날 도저히 감당할 수 없는 중학생이 되면서 나는 아들을 포기했다. 내 마음에서 아들을 놓아버렸다. 끝까지 붙잡지 못하고 나는 나름대로 지친 상태가 되어갔던 것이다. 그래서 나는 나의 생각대로 살기로 했다. 그 무렵 동창회가 활성화되어가고 있었는데 동창회에서 총무 일을 맡으며 나는 동창회 모임을 최선을 다해서 이끌었다. 동창들과 만나고 수다하고 밥 먹고 노래방 가고 신나고 좋았다. 사는 것처럼 느껴졌다. 거의 4~5년을 총무로서의 역할을 잘하고 동창들로부터 칭찬도 많이 들었다. 하지만 이것도 어느 시점이 되니 시들해졌다. 그 동안 아들은 커서 군대를 간다. 아들이 공군으로 군대를 가는 날, 우리 부부는 자랑스럽게 진주까지 아들을 태워다주면서 아들의 군대 입성을 축하해주었다. 아들이 군대 가서 잘할 수 있을지 아들의 성향을 알기에 마음이 불안했다.

그런데 4주 훈련을 무사히 마치고 공군복을 입은 아들을 보니 뿌듯했다. 작고 여린 아들이 군인이 되어 엄마 앞에 온 모습은 내가 키운 게 아니라 스스로 잘 큰 것처럼 느껴졌다. 아들 스스로 나에게 보이고 싶어 하는 마음이 느껴졌다. 아들이 첫 번째 휴가를 나왔다. 귀대하면서 총을 사가지고 가야 한다고 돈을 달라고 한다. 개인 총을 사야 한다는 것이다. 선임의 농담을 진담으로 듣고 나를 조른다. 나는 설득이 어려워 선임 상사에게 전화를 해서 아이의 상태를 말했고, 죄송하다는 말을 듣고 아들을 그냥 가게 했다.

그 후로 아들은 군대 생활을 어렵게 하고 있다고 했다. 관심 사병이 되어 군 생활을 했다. 난 거의 2주에 한 번 청주에 있는 공군부대를 갔다. 토요일 휴일이면 버스를 타고 청주를 갔다. 부대 입구에서 남동생을 만난다. 괴산에 사는 이유로 누나와 함께 조카를 보러 간다. 난 아들을 걱정과 두려움으로 바라보았다. 언제나 아들을 보면서 나는 많이 울고 올라온다. 선임 하사로부터 아들이 친구들과 잘 어울리지 못하고 힘들어한다는 얘기를 들었다. 마음이 덜컹 내려앉았다. 우리 가정의 사는 모습이 그대로 거기에서 투영되었다.

선임 하사님의 사랑과 인자하심으로 아들은 군 생활을 무사히 마치고 병역을 마쳤다. 아들이 군에서 복무를 마치고 집에 오던 날부터 효자 아들이 되었다. 쉬는 날 산에 가자고 하면 따라간다. 산책하자 하면 하고,

진짜 군대가 좋은 곳이구나 아들을 보면서 느낀다. 많이 바뀐 것처럼 느껴졌다. 그런데 군대의 영향은 딱 1달 갔다. 그 후론 일상으로 돌아와 잔소리하게 하고 여전한 일상의 아들이 되었다.

아들에게 내 책을 전해주고 아들에게 미안함을 전하려 한다.

아들, 엄마 아들로 사느라 고생했어. 마음에 분노의 감정을 가지고 살지 않기를 바라. 지금도 너는 분노의 감정이 있잖아. 가끔씩 나한테 말하잖아. 두 분 때문에 힘들었다고. 알아, 미안해. 아들! 감정의 상태는 이미 지났고 그 충격이 컸던 감정도 지났어. 그러니 부탁해! 그 분노의 감정 이제는 마음에서 내려놔줘. 엄마한테 주면 엄마가 받아서 버릴게. 내가 반성하며 살아갈게. 내가 다시 너를 키운다면 절대 너를 힘들게 하지 않고 키우고 싶다. 다시 아들로 돌아갈래? 내가 성숙한 엄마가 되지 못했어. 미안해. 꼭 하고 싶은 말이 있어. 사랑해. 너는 소중한 내 아들이야. 너의 능력을 맘껏 발휘하도록 엄마가 최선을 다해서 밀어줄게. 너 하고 싶은 거 다해. 사랑한다. 미안하다. 고맙다.

8

절대 남과 비교하지 마라

나는 현재 서울의 대학동 서울대 정문에서 가장 가까운 곳에서 부동산 공인중개사로 일하는 사람이다. 서울대 정문에서 가장 가까운 곳에 있다. 그러므로 서울대생을 가장 많이 만나는 사람이기도 하다.

대학동의 원룸이 형성된 역사를 말하자면 서울대가 혜화동에서 이사를 오던 1970년대 초창기부터 2000년대 고시가 폐지되기 전까지 하나의 작은 도시처럼 많은 1인 가구가 대학동 가구의 50% 이상을 원룸으로 형성하고 있었다고 한다. 원룸 가구의 최고를 자랑하고 있었다. 시골에서 서울대를 오는 학생이라면 모두들 대학동으로 들어와 자취, 하숙, 원룸 살이를 하던 시절이 있었다. 원룸의 필요는 매해 늘어났다. 고시가 폐지

되기 전까지는 관악구는 1인 가구가 30% 정도를 차지했다고 한다. 지금
도 많다.

원룸을 이루는 지역이라서 원룸을 구하러 오는 청년과 서울대생들이
많다. 보이는 모든 집이 거의 원룸으로 개조되었다. 처음에는 대학동의
원룸을 만들었던 분이 돈을 많이 벌었다. 그러다 보니 이 집 저 집 조금
씩 구옥을 헐고 새집을 지으면서 원룸을 만들어 많은 임차인을 수용하
고, 그래도 모자라서 발 빠르게 지대가 높은 곳에 원룸으로 개조된 집들
이 더 만들어져서 원룸이 많다. 지금은 수요를 감당하지 못하고 공급이
남은 상태로 서로 힘들어하며 지내는 실정이다.

그래도 경제적으로 넉넉한 임대인들은 새로운 집을 개조해서 방을 크
게 하고, 넉넉한 1인으로 사는 데 부족함 없이 거실과 방을 만들고, 넓은
원룸을 만들어 지금의 수요를 충족하고 있는 실정이다. 그 남은 방들을
다시 개조해서 원룸을 리모델링하고 있다. 지금은 대학동 임대인들의 사
정은 많이 어렵다. 코로나로 인해 학교 수업이 원격수업 인터넷 강의로
바뀌면서 대학생이 방을 구하러 오지 않아 임대인들의 수입은 줄어들고,
방은 점점 비어가고, 서울대생들 때문에 수입을 유지하고 그 수입으로
발 빠르게 부동산과 재테크를 잘하신 분들은 요즘 80대가 되었어도 현역
으로 열심히 일하고 있다.

우리 부동산에 오시는 Z어머니는 80대이다. 지금도 수입이 한 달에 600만 원 정도 된다. 방이 가득 차면 1,000만 원 넘는다고 한다. 지금은 방이 비어 있어서 처음에는 부동산에 와서 많이 걱정을 했는데 몇 개월 기대하던 일들이 기대로 끝나다 보니 많이 기대를 내려놓았다. 그 Z어머니는 서울대 앞에서 처음에는 하숙을 했고 하숙해서 톡톡히 돈을 벌었다. 하숙하다 보니 그 지역의 특성상 원룸이 부족한 것을 알게 되었다. 그리하여 하숙하던 집을 개조해서 원룸으로 만들었다.

10년 전만 해도 방이 있다는 종이만 대문에 붙여놓으면 하나도 빠짐없이 방이 채워져서 대학동의 인구는 관악구의 1인 가구 중 최고 비율을 차지했다고 한다. 부동산 중개가 필요 없는 지역이었다. 고시생들과 대학생들이 온통 대학동을 차지하고 신림동을 차지했다. 지금은 고시생이 없다. 요즘은 가끔 만나는 로스쿨 졸업생들 중 변호사 준비생들과 자격증 준비 중인 학생들 그리고 공무원 준비하는 공시생과 변시생이 가끔 있다. 예전과 달리 방을 구하러 오는 손님이 한 분 오면 온 대학동과 신림동을 방 하나를 구하기 위해 방 5개는 기본으로 보여주고, 10개 정도까지 보여준다. 집집마다 방의 특성이 있다. 사람의 얼굴이 다르듯 집집마다 모양이 다르고 방이 다르다.

방을 구하러 오는 학원생들과 대학생, 취준생들의 성향이 다 다르기에

10개를 보여줘도 계약이 이루어지는 경우는 드물다. 최선을 다했지만 아쉽게 불발로 끝나는 계약이 있으면 나는 '오늘은 운동만 열심히 했구나.' 하고 스스로 위로하고 건강을 지켜줘서 고맙다는 마음으로 하루를 마무리한다.

원룸 하나를 구하기 위해 방을 100개를 보겠다고 부동산에 한 친구가 왔다. 여러 개를 본 후 떠났다. 오늘 서울대 3학년 남학생이 왔다. 선하고 예쁘다. 자기의 형편과 사정을 얘기해서 구하는 실정에 따라 방을 구해주었다. 나는 엄마와 같은 마음으로 방을 구해준다. 그래서 구해준 방에 들어가 사는 친구들은 만족도가 높다. 난 그럴 때 보람을 느낀다. 그런데 부동산 사무실이 많으므로 여러 부동산들과 경쟁을 안 할 수 없다. 나는 내 형편대로 능력을 다해 최선을 다한다. 오늘은 기뻐하기에 충분한 날이다. '날마다 기뻐하라. 범사에 감사하라' 하신 말씀이 하루 종일 내 마음에서 울린다. 기뻐서 기뻐하는 게 아니고 그냥 다 기뻐하는 감정을 가지고 기뻐하며 하루를 지내는 것이다.

비교하지 않고 절대로 남과 비교 의식 없이 일하려 하는데 사람인지라 자꾸 옆에 사장님 눈치보며 혼자 질투한다. 옆집의 사장님이 손님 모시고 나가는 거 보면 마음에 질투가 난다. 비교하지 않으려 하지만 혼자 소설을 쓴다. 어떻게 해야 손님을 맞이할 수 있을지? 외진 곳이라는 입지

조건을 무시할 수 없다고 생각하면 마음이 내려앉는다. 고정 관념을 버리려 많이 애썼다. 고정 관념의 자리에 좋은 것으로 채우려고 애썼다. 오늘은 두 번째 팀을 모시고 아파트를 봤다. 광고 보고 온 손님이라 열심히 멀리 모시고 다녔다. 기다리기도 했다. 결정을 내리지 못하고 떠나는 손님에게 정확하게 어떤 말로 멘트를 남겨야 또 올까? 고민하고 생각하지만 답이 없다. 문자도 전화도 연결이 안 되고 떠나면 그만인 손님이 되었다.

이런 경우가 많다. 보여주기만 하는 나는 중개사다. 중개사라면 돈을 잘 벌 줄 알았는데 소개만 해주는 것인 줄 알았는데 자꾸 당겨야 하고 자꾸 강요를 해야 하는 것이다. 이미 결심이 선 사람을 어떻게 결정하게 하지? 이럴 때 영업력과 끌어당김이 필요하고 역량이 드러나는 거 같다. 나는 이 시간이 어렵다. 어떻게 하면 좋을까? 실력의 차이가 수입의 차이가 되는 중개사들의 세상에서 비교하는 마음은 버리고 실력을 비교하여 누구라도 나와 거래하는 것을 좋아하는 사람들이 많으면 좋겠다. 나는 그렇게 되기 위해 노력하는데 왜 늘 자신 없이 흐리게 끝내는 걸까?

자신 있는 물건을 확보하면 가장 신나는 것이 내 마음이다. 자신감이 넘친다. 그래서 당당하게 자신 있게 결정권을 가지고 권할 수 있는데 나는 아직 이게 부족하다. 중개사로서 돈을 잘 버는 사람의 책도 많이 사보았다. 확실히 차이 나는 부분이 많다. 따라 하고 배울 것이 많다. 실력을 높이려면 더 연구하고 더 노력해야 한다. 언제든 나의 물건을 자신 있게 브리핑하고 잘 팔고 잘 살리는 멋진 중개사가 되어가는 중이다.

손님이 떠나고 나면 결정이 되지 않은 중개에 대해서 반성하고 다시는 그런 상황을 만들지 않으려 생각하고 정리한다. 오늘 나의 정리도 조금 더 자신 있게 당당하게 밀어붙이고 강권하는 말을 잘해야겠다. 강권하려 하지만 거기서 받아들이지 않을까 봐 두려운 마음이 생겨 심하게 밀어 붙이지 못하는 경우가 있었다. 그래서 엊그제 결정을 도와주지 못해서, 순간의 선택을 제대로 돕지 못해서 아쉽게 놓친 물건이 있다. 더 강권했더라면 1주일 사이에 최소 3,000만 원은 벌었을 텐데 왜 늘 나는 자율 쪽으로 맡길까? 그건 자신이 없어서 그런 것 같다.

중개사 자리는 무조건 권하는 자리야. 중개사라는 이름이 서로 중개하라고 있는 거야. 모든 물건은 그날 결정해야 해. 며칠을 기다리는 것은 안 하는 것이 99%야. 오늘 일 내일로 미루지 말라는 것처럼 그냥 권해 봐. 그러면 그 손님이 혹할 수 있고 또 잘되면 당신은 중개사로서 매도인과 매수인에게 할 일을 잘했다는 얘기를 들을 수 있잖아.

제발 이 시간 이후로는 네 실력만 비교하고 마음의 그릇은 비교하지

마. 실력 있게 일하는 멋있는 네가 되길 바랄게. 자신 있게 중개하자. 중개는 강권하는 것. 실력도 비교하지 말자. 누구나 실력은 차츰 성장하는 거야. 나의 성품대로 질투도 하지만, 그래도 잘 보살피고 나를 찾는 사람에게 진심을 다하는 중개사가 되어보자. 나는 대한민국 공인중개사다. 그 자리에 있는 만큼 나도 쓰임받고 있지. 사람의 마음을 크게 키우는 일에 집중하자. 고맙고 감사한 나의 자리, 격려하는 마음으로 사랑하고 기뻐하자. 파이팅!

5 장

불안하더라도
후회하지 않도록 살고 싶다

1

불안하더라도 후회하지 않도록 살고 싶다

세상을 살면서 불안하지 않은 날이 얼마나 있었을까? 불확실성의 시대라고 하지 않던가? 날마다 불안하면서도 자신을 믿고 또 하나님의 은혜에 살면서 날마다 '감사합니다'를 외치며 사는 나는 불안하지 않다. 언제나 희망이다. 언제나 사랑이다. 언제나 축복이다. 언제나 축제의 장이다. 이런 마음으로 살고 있다.

진즉 이런 마음으로 살았더라면 지금의 이 기쁨과 감사는 넘치고 넘쳐 주변에 기쁨을 주는 멋진 삶의 주인공이 되었을 것이다. 그래도 이제 이렇게 누리고 살 수 있는 기쁨을 나누고자 책을 쓰게 되니 이 책을 읽는 여러분도 나처럼 많은 기쁨을 누리고 살기를 간구해본다. 생각해보면 기왕 사는 삶을 내가 어떻게 세팅하느냐에 달려 있는 것이다. 그런데 문제가 드러나면 그 문제에 빠져서 헤어나오지 못하는 것이 나였다. 내가 마음으로 세팅한 기쁨과 긍정은 까맣게 잊어버리고 오로지 문제가 문제라고 투덜이 인생을 살았다. 문제를 만나면 해결하고 그 해결 속에서 성장하고 또 다른 좋은 방법도 있다는 것을 알려주시기 위한 하나님의 힌트인데 힌트는 사용하지 않고 살았다. 왜 그리 무식하게 앞만 보고 문제의 해결을 위해 살았을까?

내가 성장하지 못하고 성숙하지 못하고 나를 믿지 못하는 근본적인 문제는 자존감이 높지 않았기 때문이라고 생각한다. 자존감이 높았다면 어떤 문제가 와도 지나갈 거란 생각과 제대로 된 마음으로 잘 흘려보냈을 것이다. 많은 문제 중 가장 중요한 경제적인 문제를 예로 들면 돈이 없다고 해서 하루도 굶은 적이 없다. 단지 원하는 시간보다 돈이 늦게 왔을 뿐이다. 문제가 아니라 나의 삶의 흐르는 물과 같이 나를 스치는 것이었는데 경제적인 문제를 문제라고 생각하고 살았구나. 돈은 삶의 기본이 되어 내 인생에서 물처럼 흘러가고 있다. 돈은 순환되어 되돌아온다.

난 샤워를 할 때마다 풍요로운 삶에 감사했다. 샤워실의 샤워기에서 나오는 물줄기를 보면 언제나 나를 위해 공급하시는 하나님의 손길이라고 생각했다. 이 물이 모이는 태평양까지 가서 다시 돌아오는 것이라 늘 생각했다. 나의 재정은 태평양에 있다. 그러므로 나는 내가 쓰고 싶은 대로 마음대로 돈을 써도 된다는 생각을 했다. 노래와 함께 샤워를 하고 행복을 충전하고 개운한 몸과 마음이 되어 무엇을 하든 두려움이 없고 행복으로 일할 수 있어 좋았다.

돈을 깊이 있게 생각해본 적이 없었는데 나의 재정을 세우는 데 대충 당연히 되겠지 했던 마음으로 계획 없이 살았다. 철저하게 가계부 쓰고 30년 가깝게 살았는데 이제는 가계부 쓰지 않는다. 써도 안 써도 비슷한 삶이라서 이제는 버렸다. 가계부를 쓰지 않으면서 마음이 편해졌다. 진정한 재정을 세우는 것은 나의 마음그릇을 키우고 나의 영적인 능력을 키우는 것이었다. 진리 안에 거하시는 하나님의 재정과 사랑과 능력을 믿고 살면 되는 것이었다.

이제는 진정 마음그릇을 하나님께 맡기고 모든 재정적 지혜를 구하며 살고자 한다. 사람은 돈이 없어 불안할 때가 가장 많은 거 같다. 나도 그런 생각으로 살았다. 그다음으로 건강을 잃을까 봐 걱정하며 사는 사람이 많다. 그런데 건강의 문제도 모두 내 영혼이 잘됨같이 범사가 잘되고 강건하여진다는 말씀에 근거하여 믿고 나아가면 불안하지 않다.

나도 후회 없는 삶을 살고 싶어 이제야 제대로 마음을 다지고 있다. 마음그릇을 백두산의 천지만큼 키우고자 한다. 나는 하나님의 자녀로서 하나님의 생각과 마음을 닮고 하나님의 사랑으로 사랑을 전하며 사는 것이 나의 꿈이고 나의 생각이다. 생각은 자유라서 백두산의 천지를 생각하니 기분이 좋아진다. 아름다운 경치를 생각하면 기분이 좋아지고 그 자연을 보고 생각할 때마다 하나님의 훌륭한 사랑의 솜씨에 감탄하고 감사한 마음이 저절로 든다.

그래서 여행을 많이 하라고 했던가. 여행을 하면 생소한 환경과 하나님의 걸작품을 만나면서 행복이 배가 되고, 행복이 배가 되면 삶이 풍요로워진다. 천지의 물이 흘러가면서 목적지인 바다를 향해 가는 동안 많은 생명을 살린다. 동물, 식물, 사람, 꽃, 나무, 새. 고기, 자연을 살리는 일을 하는 것이다. 나도 날마다 나와 내 주변을 살리는 멋진 천지의 물처럼 살고 싶다. 천지의 물의 목적지는 바다, 나의 생명의 목적지는 하나님의 영혼으로 본향에 돌아가는 것이다. 천지의 물처럼 자연스럽게 바다에 도달하고 싶다.

천지의 물인 나는 바위 있다고 불평, 나무 있다고 불평, 폭포 있다고 불평, 매사에 불평과 불만을 가지고 살았다. 말없이 흐르는 물이 아니라 입이 있으니 말하는 물이 되어 목적지를 가고 있다. 이 시간 책을 쓰면서 나를 반성한다. 불평하는 입보다 감사하는 입으로 비판의 시선보다 사랑의 시선으로 비난보다 나보다 더 완벽한 하나님의 걸작품을 보는 생각으로 바꾸려 한다. 이렇게 성숙하고 있는 나는 나를 토닥여주고 사랑스럽게 안아주고 싶다.

"기특해. 기특해. 사랑해. 축복해. 하나님 사랑합니다. 나도 나를 사랑합니다."

자신을 마음껏 칭찬하고 사랑해보자. 그러면 하나님의 큰 사랑이 내 안에 있음을 느낄 수 있을 것이다. 그 사랑을 느낄 때 용기와 당당함과 여유로움이 나타난다.

이제 나는 하나님과 함께라서 불안하지 않다. 하나님의 손길로 풍요롭고 기품 있고 용기 있고 거룩한 마음으로 살면서 많은 사람을 살리며 살 거니까. 이번에 인생의 2막을 시작하는 단계에서 멋진 나로 거듭나고 멋지고 사랑이 많은 나로 거듭나고 있다. 책을 쓴다는 것은 하나님의 사랑의 징표이다. 평범함을 비범함으로! 축복의 삶을 사는 나를 잘 드러내며 나다운 모습으로 살아가는 것을 보여줄 것이다. 유튜브와 카페를 운영하며 천지의 물과 같은 삶을 드러내며 살겠다. 가장 잘사는 것은 후회하지 않는 삶이라 생각한다. 자기다움, 자존감 있는 마인드로 하나님의 자녀로 멋지게 거듭난 삶을 살아보자.

예수님이 생명을 주셨기에 우리가 살고, 우리를 살리기 위해 희생하신 그 사랑을 나도 닮아보자. 마음에 큰 사랑을 담고 풍요로운 날들을 감사로 통과하고 기쁨으로 통과하자. 멋진 나의 2막을 펼치는 이 시간 나의 과거는 진짜 나의 미래가 아님을 실감한다. 나는 2막의 연극 대본을 하나님과 함께 다시 쓸 수 있으니까 2막은 멋지고 후회 없는 삶이다. 하나님을 알게 돼서 좋고 '한책협'을 알게 돼서 좋다. 김도사님을 알게 돼서 좋다. 행복하다.

2

이제는 흔들림 없이 단단하게 살고 싶다

세월을 흘려 보낸 이제는 나는 흔들림 없는 단단한 바위처럼 살고 싶다. 관악산의 정상에 가면 해발 629지표석이 있다. 언제나 그 자리에 굳건히 지키고 있는 그 바위를 보면 몇천 년을 그 자리에서 변함없이 버티고 서 있는 그 바위를 모델 삼아 정상에서 사진을 찍는다. 사진 찍으며 활짝 웃는다. 바위도 따라 웃는다. 흔들림 없는 단단한 삶을 살려면 굳건한 믿음과 굳건한 환경을 소유하지 않으면 흔들릴 거라 생각한다.

흔들리지 않은 믿음이 있을까? 흔들리지 않았던 적이 있을까? 길을 가다가 예쁜 장미를 보면 예뻐서 흔들리고, 작은 민들레 보면 작은 민들레 보고 흔들리고, 사랑스런 아가의 발걸음이 있으면 흔들리며 간다.

생각과 마음이 자꾸 눈에 보이는 대로 흔들리고 있다. 마음은 보이는 것에 많이 흔들린 거 같다. 내가 목표를 정하여 길을 걷다가도 어느새 시간이 많아 엉뚱한 생각으로 엉뚱한 마음으로 목표를 잊어버리는 경우가 있다. 어릴 때는 더 심했다. 초등학교 오가는 길에 학교 친구들과 함께 공기놀이를 한다. 조그만 돌멩이들을 모아 길바닥에 널어놓고 즐겁게 공기놀이를 하다 보면 어느새 해는 저물고 엄마가 들에서 혼자 일하고 계시는 것을 까맣게 잊어버리고 놀기에만 집중하고 놀았다.

우리는 길을 걷는 게 아니라 놀이하듯 신나게 달리고 놀고 게임하고 다닌다. 서로 몰래 풀을 묶어두고 달리는 친구의 발에 걸려 넘어지는 것을 기대하고 웃고 떠들고 학교를 다니는 길은 약 10리가 넘어 한 시간을 책보자기 등에 메고 가슴에 안고 다니던 길이다. 그 길에 재를 넘어 학교가 보이면 신나게 달리고 학교에 간다. 풀에 걸려 넘어지면서도 달린다. 농사일 하기 싫어서 몰래 숨어 있다가 엄마 집으로 들어가는 길에 나타나서 같이 가다 보면 엄마는 힘들게 일하시고도 우리가 학교에서 늦게 오는 것에 대해서는 공부만 하고 오는 줄 알고 야단이 없으셨다. 그때는 엄마가 일만 하는 무섭고 호랑이 같은 엄마였다. 그때의 쟁쟁함은 어디로 가고 조용하고 자상하고 따뜻한 엄마로 지금은 우리 곁에 계신다. 오늘도 엄마는 상추를 보내셨다. 태어나서 지금까지 농사를 벗어난 적 없는 엄마는 농사와 함께 살고 농사를 천직처럼 몸에 익혀 계절에 따라 무엇을 해야 하는지 과학자보다 더 잘 아신다. 그런 엄마가 진짜 농사의 장인이다.

엄마는 강인하시다. 진짜 관악산의 바위처럼 든든히 계신다. 나의 고향 깊은 산골. 해가 뜨면 일하고 해지면 집에 오시는 해와 함께 사는 엄마는 자연인이고 멋진 나의 우상이다. 어릴 적 엄마를 보면 늘 농사일에 찌들어 일꾼 아저씨와 함께 일만 하시니까 자랑할 게 없었는데 지금에 와서 나의 인생과 비교하면 엄마는 위대하고 대단한 장인이고, 자녀 7남매를 그 지역에서 가장 학력이 좋게 키워내실 정도로 멋있는 분이다. 우리 엄마의 멋있는 삶이 나의 삶이기를 바란 적도 있다. 사는 것이 생각보다 어렵고 힘든 것이라는 것을 깨달았을 때 나는 엄마가 정말로 나보다 1,000배나 위대하고 멋지고 자랑스럽다는 것을 알게 되었다.

엄마의 딸인 것이 좋았다. 엄마가 흔들림 없이 바위처럼 동네를 지켜주시고, 아버지 없는 세월도 굳건히 살아온 엄마는 나의 멘토이고 나의 우상이 되었다. 어릴 적 나의 얕은 지식으로 얕은 생각으로 엄마를 무시하고 존경하지 않았던 나는 건방지고 무지한 사람이었다. 무지한 자식을 말없이 바라봐주고 키 작은 것에 마음 졸이며 안타까워했을 엄마를 생각하면 가슴이 아프다. 눈물이 난다. 어렵고 힘들 때 자식을 낳아서 키우면서 더 많이 엄마 생각이 났다. 우리 엄마는 언제나 말씀하셨다. 경험만큼 중요한 선생은 없다고, 경험이 대학이라고, 경험을 넘어선 지식은 없다고 하셨다. 지금의 엄마를 보면 대단하고 나의 작은 경험으로는 넘볼 수 없는 거목처럼 느껴질 때가 많다. 동네 입구에서 가장 든든히 서 있는 당산나무 아래 넓은 바위처럼 엄마는 우리를 쉬게 하고 보살펴준다. 80세가 넘으신 지금도 여전히 진행 중이다.

나는 통화하면 늘 말한다. "엄마, 사랑해요." 쑥스럽게 받았던 옛날과 달리 엄마도 말씀하신다. "나도 사랑한다. 우리 딸 행복해야 한다." 꼭 말씀하시고 전화를 끊는다. 엄마와 연결된 전화 한 통화로 하루를 마무리하면 기분이 좋다. 엄마는 해가 진 후에 전화를 받고 해가 뜨기 전 새벽에 전화를 하신다. 새벽에 전화하는 사람은 우리 엄마다. 언제나 새벽 5시 넘으면 기다렸다가 전화하신다고 말씀하신다. 많이 기다리셨을 것이다. 도시에 사는 딸 전화하려면 도시의 생활을 알아야 하니까 늦잠도 자고 피곤하려니 하고 이해를 하신 거 같다.

엄마는 정말로 센스쟁이에 배짱이 좋다. 우리 엄마는 언제나 작은 집 조카들이 오면 큰엄마로서 아이들에게 용돈을 주신다. 정을 나누는 엄마의 사랑을 보노라면 엄마를 닮고 싶은 마음이 든다. 엄마는 몸소 먼저 앞서가시므로 우리에게 교훈이 되고 사랑이 되어 든든한 바위처럼 살고 계신다. 엄마는 재치도 있다. 사투리로 구수하게 상황에 딱 맞는 속담을 말씀하실 때면 어찌 저런 재치가 있으셨나 하고 모두들 놀라워하고 엄마의 어록을 만들어야 한다고 한다. 지금 생각하면 조금씩 적어둘 걸 하는 아쉬움이 있다. 가족들 모이면 모두 엄마 때문에 웃는 일이 많아진다. 우리 가족은 엄마 생신을 맞이하면 언제나 콘도를 예약해서 그곳에서 모인다. 7남매가 콘도에 모여 북적북적 재미있게 하룻밤 지내고 이야기하며 신나게 보낸다. 7남매가 2세까지 다 모이면 엄마 포함 모두 28명이다.

이날은 우리의 사랑이, 우리의 과거가, 우리의 추억이 소환되는 곳이기도 하다. 엄마는 모이면 손주들 용돈에 우리까지 용돈을 주신다. 그리고 늘 고맙다 하신다. 진정 엄마가 건강해서 우리가 이렇게 모이고 엄마로 인해 가족의 사랑을 느낄 수 있어 행복하다.

이제 나도 엄마처럼 든든한 바위처럼 나의 가정에 나의 삶에서 흔들림 없이 살아야겠다. 최선을 다해 열심히 살아왔지만 엄마에 비하면 나는 아직도 아기다. 엄마는 세상에서 가장 멋진 나의 모델이 되어주었다. 힘들고 지칠 때 엄마를 생각하고 조금씩 마음을 다잡았던 나였다. 자존심 강하고 남에게 아쉬운 소리 하기 싫어하고 엄마의 생각대로 다부지게 사셨던 엄마 자신을 두고 엄마는 늘 말씀하신다. "대나무 밭을 간짓대를 등에 지고 걸어도 걸릴 게 없는 삶을 살았노라." 무슨 뜻인가 생각해보면 당당하게 자신감 있게 살았다는 얘기다. 옆에서 본 딸로서 맞는 말이다.

멋진 나의 이런 엄마가 있어 든든한 삶을 살아가게 된다. 나의 뿌리는 엄마다. 엄마처럼만 살아내고 지혜롭고 당당하면 된다.

나는 오늘도 엄마처럼 당당하고 자신감 있게 살려고 한다. 나의 인생의 롤 모델이자 정신적 지주로 살고 계신 엄마가 있어 좋다. 어릴 적에는 엄마가 농사꾼이라서 싫었는데, 어느새 엄마는 나의 롤 모델이자 존경하고 사랑하는 분이 되어 있다. 엄마는 삶으로 부모로서 엄마로서의 역할을 잘하셨다는 것을 알게 한다. 엄마는 위대하고 축복받아 마땅하다.

"엄마, 사랑합니다. 축복합니다. 지금처럼 건강하시고 더 멋진 엄마가 되어주세요."

나도 엄마처럼 다부지고 단단한 흔들림 없는 삶을 살아내겠다고 다짐한다. 엄마의 모습을 뒤따라 갈 것이다.

3

오늘 하루 행복하게 살아낸 나에게

오늘 나는 행복하기로 결정했다. 행복하기로 선택했다. 행복을 선택하고 결정하기로 해서 행복해진다는 말이 이해가 가는가? 난 이렇게 결정하고 오늘 하루 살아내고 있다. 진정으로 어떤 경우에도 행복하기로 선택한 나다.

행복한 사람의 특징이 무엇일까? 첫째, 많이 웃는다. 둘째, 감동을 잘한다. 셋째, 언제나 긍정으로 생각한다. 넷째, 불평불만이 없다. 다섯째, 지혜롭다. 행복이란 노래도 있고 행복은 성적순이 아니라는 말도 있고 행복은 가장 기본적으로 추구할 단어다. 나도 행복하기 위해 살고 있다. 내가 행복하지 않으면 사는 의미가 없다. 내가 행복하므로 살고 있는 느낌과 감동을 받아 더 행복하고 행복을 나눌 수 있는 것이다.

조엘 오스틴 목사님의『행복의 힘』이란 책을 보면 행복이 "지금 당장 이 자리에서 살아 있어 정말 신나, 오늘 숨을 쉬는 게 즐거워, 가족과 건강, 기회가 있어서 가슴 벅차게 기뻐. 지금 이 순간 내가 행복해야 할 이유가 참 많다."라고 강조한다. 나도 그러기로 했다. "숨을 쉬어 기쁘다. 살아 있어 행복하다. 가족과 건강이 있어 행복하다. 책을 쓸 수 있는 기회가 있어 행복하다. 일상의 모든 것이 행복이다." 당연한 듯이 살았던 것들이 생각하면 모두 감동이고 감격이고 행복이다. 이런 삶이 진정한 천국의 삶이 아닐까.

불행을 지나고 나면 항상 큰 행복이 왔다는 것을 인생을 살아본 사람은 안다. 아니 살면 알게 된다. 불행과 곤경은 나의 입장에서 보면 궂은 날이지만 큰 그림 하나님의 관점에서 보면 좋은 날이다. 구름이 머물러 있지 않듯이 지나간다. 우리도 행복에 초점을 맞추고 사는 것이다. 기쁨을 선택하고 기뻐하고 살고 감사를 선택해서 감사로 살고 모든 것은 내가 상황을 보고 선택하는 것인데 관습에 의해서 지금껏 가지고 있는 관성에 의해서 자동으로 반응하며 힘들어 하고, 생각하고 반응하는 것이 아니라 반응하고 생각하게 된다. 반응도 선택이다.『행복의 힘』에서 누군가가 기분을 상하게 하면 이렇게 대응하라고 한다. "언짢아하지 않을 거야. 온전히 기쁘게 여길 거야. 이게 시험이란 걸 알아. 이 시험을 통과하면 나는 한 단계 성장할거야."라는 구절이 있다. 역경을 이기는 비결이라는 것이다.

사업이 마음대로 풀리지 않을 때는 투덜거리는 대신 온전히 기쁘게 여겨라. 자신에게 말하라. "이 어려움은 지나갈 거야. 하나님이 내게 필요한 모든 것을 채워주실 걸 알아." 실망할 일이 생기면 저 밑바닥에서 부정적인 감정이 스멀스멀 올라와 낙심하게 된다. 이때 자기 연민에 빠지기 쉽지만 부정적인 감정에 굴복하지 말고 스스로 힘을 북돋아야 한다. "일어서! 강해져! 눈앞에 좋은 날이 있어." "오늘도 멋진 날이 될 거야. 몸도 좋아질 거야. 하나님이 건강을 회복하게 해주실 거야." 행복은 우리의 마음에 달려 있다는 것을 인식해야 한다.

날마다 우리 앞에 모든 현실과 상황이 있다. 날마다의 일상에서 마음을 어떻게 결정하는가, 반응을 어느 쪽으로 하는가에 따라 우리의 행복과 불행이 결정된다고 본다. 이제 어떤 상황, 어떤 경우에도 나의 선함과 하나님의 선하신 뜻이 이루어지도록 선택하길 원한다. 물론 환경은 거의 변함이 없지만 마음먹기에 달린 게 인생이고 행복이라서 이왕 사는 인생을 행복으로 선택하고 살고 싶다. 그런데 어느 누가 그리 살고 싶지 않았을까? 그리 살고 싶어도 마음대로 되지 않아서 화도 나고 분하기도 하고 억울하기도 하고 짜증도 나지. 심하면 싸우기도 했지. 싸운 이유도 나의 행복을 빼앗아갔기에 행복을 지키려는 것이었지. 싸우고 난 후에 오는 후유증이 더 크기에 이제는 싸우는 것은 하지 않지만 마음으로 싸운다. 마음으로 싸우다 보면 감정이 화로 변하고 짜증으로 변해서 나의 행복을 가져올 수 없다. 이럴 때는 그저 가만히 흘러가게 두고, 그 후에 오늘 하루의 사는 목적이 무엇인지 생각하고 또 오늘 하루 행복하게 살기로 했지. 오늘 하루 행복을 선택하기로 했지. 행복에 초점을 맞추고 살다 보면 화났던 나를 달래고 다스릴 수 있다. 진짜 마음 깊이 있는 나는 언제나 평화이고 조화이며 언제나 사랑이다. 사랑이 있는 곳에 평화와 기쁨과 행복이 있으니 오늘 하루 온종일 행복을 선택하고 행운을 선택하며 살아보자.

나는 요즘 행운을 찾아 날마다 차량 번호를 본다. 행운의 숫자. 내 앞에 지나고 내 옆을 스치는 행운을 붙잡으려고 한다. 자동차 차량의 번호는 언제나 4자리 숫자다. 그래서 내가 좋아하는 숫자를 정하고 그 숫자가 지나가면 그 숫자를 보면서 언제나 나에게 축하의 박수를 친다. "축하해. 오늘도 좋은 날이다. 축하해. 성공하셨네요. 축하해. 오늘도 행운이 넘치시네요." 박수를 치면서 나를 축하하는 것이다. 언젠가는 축하받을 자리가 있겠지만 미리 스스로 나한테 축하하고 기뻐하는 것이다. 그래서 자동차 숫자를 유심히 본다. 의도적으로 찾는다. 나를 축하하고 사랑해주기 위해서 긍정의 말을 해주기 위해. 자동차가 많으니까 찾는 번호가 많았다. 그리고 기분이 좋았다. 날마다 차량을 만나면 번호부터 챙겨보는 나는 행운이 넘치는 사람이다.

나는 행운을 날마다 시선으로 찾고 그 행운의 번호로 하나님의 격려와 사랑을 본다. 그 번호는 언제나 뿜뿜 사랑을 준다. 사랑한다는 증표를 받으면 기분이 좋아지고 좋아진 마음으로 일하니 기쁘고 행복하다. 내 마음처럼 돈벌이가 넉넉하지 않아도 이겨낼 수 있다. 더 좋은 날은 반드시 오니까. 내 인생의 좋은 날을 기대하게 된다. 행복은 아주 단순하다. 그냥 행복하기로 결정하고 행복만 선택하면 되는 것이다. 이제는 이렇게 단순한 것을 좋아한다. 그 단순한 진리를 돌고 돌아 왔지만 성장한 나의 인생이라서 좋다. 내 영혼은 날마다 성장하고 있으니까. 하나님께 향하는 우리는 죽는 날까지 성장하고 하나님 품으로 간다. 그래서 우리는 어떤 환경을 만나더라도 감사해야 한다. 하나님이 우리를 사랑하지 않은 순간이 한 순간도 없었다. 오로지 우리가 하나님을 떠나고 잊어버리고 세상에 눈이 밝아 세상만 보았던 것이다. 이제는 세상에 있는 보이는 것보다 보이지 않은 하나님의 나라를 보고 확장하고 의식하고 사는 나이다. 그래서 또 행복하다.

오늘 행복하게 살아낸 나에게 나는 칭찬과 사랑을 보낸다. 여러분도 스스로 칭찬하고 사랑을 찾고 행운을 찾고 행복을 찾는 날이 되기 바란다. 행복은 찾고 누리고 가꾸고 자신의 만족함을 먼저 느끼고 자신의 존재로서 행복을 누리기에 충분하다는 것을 알았으면 한다.

우리는 누구라도 행복할 권리가 있고 행복해질 사람이다. 그래서 누구도 남의 행복을 빼앗거나 아프게 하면 안 되는 것이다. 그것이 나를 아프게 하고 결국 하나님의 마음을 아프게 하니까. 우리 안에 계시는 하나님의 사랑과 임재를 느끼고 날마다 행복과 사랑으로 사는 우리가 되어보길 바란다. 그리고 우리는 모두 서로 연계된 하나다. 당신이 행복하면 내가 행복하고 내가 행복하면 당신도 행복하다. 우리가 가족처럼 서로 아끼는 이유가 이 땅에서 존재 가치를 알고 있기 때문이다. 나의 존재 가치를 아는 만큼 행복해질 것이다.

스스로의 존재 가치를 세상에서 가장 비싼 가치로 여겨보자. 우리는 세상에서 가장 비싼 사람들이다. 돈으로 가치를 매길 수 없지만 그래도 가장 비싼 존재들이다. 세상에서 내가 주인공이고, 내 주변의 모두는 나를 위한 천사들이다. 그러니 천사들이 어떤 말을 해도 나를 위한 말이므로 상처받지 말고 그냥 행복한 하루를 사는 과정에 있는 일이려니 하고 받아들이면 된다. 그리고 오늘 하루 잘 살아낸 나에게 칭찬으로 마무리한다.

"나는 잘했어."

"나는 행복해."

"나는 건강해."

"나는 지혜로워."

"나는 최고야."

"나는 세상의 주인공이야."

"당신도 세상의 주인공이야."

4

나답게 행복한 삶을 살아라

나답게 행복한 삶을 살자고 지금껏 살아온 것이라고 생각하는데 진짜 나다운 것이 어떤 것인지 아는 사람은 없다. 나도 나다운 것을 모르기에 나를 주변 사람의 시선, 엄마의 시선, 동생들의 시선, 남편의 시선, 친구들의 시선에 맞추어 살았던 같다. 교회는 열심히 다녔다. 제대로 예수님의 사랑을 깨닫지 못하고 나의 삶을 예수님의 시선에 맞추고 살아야 하는 것인 줄도 모르고, 그냥 착하게 사는 것이 예수님의 사랑이라고 생각하고 살았다. 하나님이 나의 영혼을 창조하시고, 우주는 우주의 원리와 시스템을 갖추어 그 시스템을 따라 운행되고 있음을 알지 못했다. 오로지 예수천국 불신지옥이 진리이고, 기독교의 원리로 사는 것이 제대로 사는 것인 줄 알고 살았다. 내가 성장하고 내 영혼이 자라면서 하나님의 영혼을 닮아가고 하나님의 사랑 안에서 무한 성장하는 것임을 알게 되었다.

하나님은 무한한 사랑이시고, 하나님은 우리에게 무한한 능력과 무한한 존재이심을 우리에게 알게 하신다. 무한한 존재이신 하나님을 나는 어떻게 알고 있었을까? 나는 내 아버지처럼 생각했다. 육신의 아버지처럼 우리가 잘못하면 벌 주시고 우리가 잘하면 상 주시는 이로 생각했다. 보통 사람들이 그리 생각하는 거 같다. 나 또한 그랬다. 나는 하나님의 사랑이 무한하시고 조화롭고 평화로우며 무한한 긍정 가운데 계시다는 것과 우주의 원리를 따라 시스템을 움직이게 하는 멋진 에너지 자원으로 관리하고 계시다는 것을 알게 된 것이 기쁘다. 나는 찬반 양론으로 생각하고 사는 사람이었다. 이거 아니면 저거라는, 두 개 중 선택하고 사는 것처럼 생각했는데 우리는 하나님과 함께 창조하는 인생이라는 것을 알게 돼서 좋았다. 우리가 자신의 인생을 창조하고 있다는 것을 깨닫는 순간 자신의 무지를 깨닫게 된다. 우리를 이 땅에 보내실 때 절대로 아무렇게나 창조하라고 보내준 게 아닌데 언제나 애매모호하게 선택을 하고 싫어하는 것을 생각하고 싫어하는 환경을 불러들이고 있었던 것이다. 생각의 중요성을 깨달으면 절대로 함부로 생각하지 않을 것이다.

우리 하나님은 생각을 주시고 말하게 하시고 창조하신다. 그리고 그 환경을 주신다. 즐기라고 좋아하는 줄 알고 주시는 것이다. 그런데 우리는 싫어하는 것도 함부로 말하고 생각한다. 그러면 그 생각하는 것이 현실이 되어 온다. 지금껏 나의 삶이 싫어하는 것에 집중하고 그 싫어한 환경을 벗어나고자 날마다 그 생각을 골똘히 하고 그 생각을 잊어버리려 해도 생각은 생각을 낳고 꼬리에 꼬리를 물고 흩어지지 않아서 결국 싫은 환경을 거듭 창조하고 살았다는 것을 인지하게 된 순간부터 나는 생각을 바르게 가지려 애쓰고 산다. 그래서 지금은 좋다.

소망을 가지게 되었다. 꿈을 가지게 되었다. 나이가 아무리 많아도 꿈이 있으면 신나는 것이 인생이다. 어제까지의 내가 생각하고 행동하며 말한 것이 그대로 오늘의 내가 되어 있다는 것을 알아야 한다. 나는 날마다 생각을 긍정으로 바꾼다. 날마다 긍정만 생각한다. 긍정만 말한다. 친구들이 너랑 얘기하면 걱정이 없어서 좋다고 한다. 맞다. 우리의 걱정은 걱정이지 현실이 아니다. 걱정하고 염려하는 것은 하나님을 신뢰하지 못한 우리의 잘못된 판단이다. 우리가 하나님을 신뢰하고 하나님의 자녀임을 깨달으면 진실한 하나님은 우리의 삶에 깊이 개입하셔서 나의 생각부터 먼저 바꿔주시고 말을 바꿔주시고 행동을 바꿔주신다. 그리고 환경이 변한다.

하나님의 자녀로서 당당하고 기쁘게 살며 하나님의 온전한 뜻을 깨달고 살아가는 것이 가장 신나고 행복한 것이다. 나는 하나님의 자녀라는 인식을 바르게 하자. 하나님이 나와 동행하시기에 나는 무한한 사랑으로 날마다 성장하고 하나님의 나라를 확장해간다는 것을 인식하는 것이 나다움인 거 같다. 나다움을 바르게 인식하고 날마다 창조하시고 날마다 채우시는 하나님의 창조의 사역에 동참해보는 것이다. 시선을 못난 나에게서 돌려 자연을 보고 자연의 순수한 마음에 순수하고 아름다운 순응에 감동하며 생각해보면 하나님의 사랑으로 돌보시는 자연을 알게 되고 날마다 사랑으로 채우시는 손길을 느끼게 된다. 요즘 나도 하나님의 사랑의 손길이 나와 함께하신다는 것을 날마다 느끼며 감동한다. 나뭇잎의 무성함, 꽃의 향연, 향기의 풍성함 등 모두 살리고 축복하시는 하나님이 계시기에 신나고 좋다.

책을 쓰고 책과 함께 나도 성장하고 유튜버가 되어 세상에 나아가는 것이 나의 꿈이다. 유튜브에 적응해보면 나의 존재성이 보이게 될 것이다. 김막례 할머니처럼 신나게 사는 삶이 나의 마지막 꿈이다. 정말로 소풍을 왔다 가듯이 이 땅에 신나게 살다가 하나님 앞으로 나아가면 천국에 이르게 되면 우리가 가장 원하는 행복한 영혼으로 살고 있을 것이다. 행복한 영혼의 할 일은 무엇일지는 천국에 가면 알게 될 것이다.

우리가 이 땅에 사는 동안 나를 어떻게 생각하고 규정하는가는 가장 중요한 관건인 거 같다. 내가 진정한 하나님의 사랑으로 살고 있다는 것을 알까? 알파와 오메가요, 천지를 창조하시고 지금까지 쉬지 않고 일하시는 하나님의 따뜻한 사랑의 손길을 알고 느끼는 사람이 있을까? 쉬지 않고 일하시는 하나님으로 인해 우리도 쉬지 않고 생각이 생각을 낳는 것이다. 창조하시는 생각! 존재만으로 존귀한 자라는 것을 아는 사람이 있을까? 우리가 세상에 태어날 때 얼마나 많은 경쟁을 통해서 이 땅에 왔는지 아는가? 충분한 고생을 한 우리는 당연히 태어난 것이 축복이고 기쁨이다. 세상에 오면 모든 가족이 기뻐하고 축복하는 것을 그 아이는 알고 있었을 것이다. 자라면서 교육에, 엄마의 고정 관념에, 영성은 죽고 오로지 현실에 세상의 규정에 맞추어 사는 것이 우리의 인생이려니 했던 것이었다. 이제는 다양한 방법과 통로를 통해 세상에 자기의 존재를 알릴 수 있다는 것을 다 안다.

아는 것을 실천하지 않을 뿐이다. 이 땅에 보이는 모든 것은 이미 존재한 것을 우리가 이제 발견한 것뿐이라는 말도 있지 않은가? 우리는 하나님의 무한한 상상과 무한한 지구를 향한 순수하고 아름다운 사랑의 손길에 손 내밀어 감사하다고 말해야 한다.

"사랑으로 관리하고 우리를 위해 멋진 작품들을 광활하게 펼쳐주시니 감사합니다. 멋진 자연 주셔서 감사합니다. 멋진 진리 안에 우리를 품어주시니 감사합니다."

나는 오늘은 행복과 감사로 사는 날로 정했다. 이런 하루하루의 삶이 하나님의 사랑에 보답하는 길인 거 같다. 나도 나를 기대한다.

우리 모두는 하나님의 자녀다. 하나님의 사랑을 궁금히 여기고 생각해 보자. 그리고 하나님께 물어보자.

"하나님, 나를 사랑하십니까?"

그러면 하나님이 이렇게 말씀하실 것이다.

"지금까지 나는 너를 쭉 사랑으로 돌보고 네가 성장하기를 기다렸다. 성장이 더디더라도 나는 너를 응원했다. 사랑한다."

기도하면 언제나 들었던 말씀이 '나는 너를 사랑한다.'였다. 나는 나다운 행복을 찾았다.

하나님과 동행하는 것을 아는 것. 날마다 나의 생각과 감정을 옳은 곳으로 이끌고 하나님의 성품을 닮아가는 것.

이것이면 충분하다. 나답게 행복하게 살 수 있는 하루가 되었다. 장미꽃 한 송이를 보면 하나님을 알 수 있다. 그 장미꽃의 향기와 색깔을 우리가 만들 수 있을까? 나를 만드시고 내 인생을 창조할 수 있도록 자유의지를 주신 하나님을 오늘도 찬양한다.

"주 하나님 지으신 모든 세계 내 마음속에 그리어볼 때
하늘의 별 울려 퍼지는 뇌성 주님의 권능 우주에 찼네
주님의 높고 위대하심을 내 영혼이 찬양하네."

5

모든 일에 덜 감정적인 사람이 되어라

나는 감정적인 사람인가? 이성적인 사람인가? 양면성이 있다고 생각한다. 어느 때는 감정이 앞선 사람이 되고, 어느 때는 이성적인 사람처럼 여겨지니까. 당신은 어느 쪽인가? 사람들은 대체적으로 자기 일에는 감정적인 사람이 되고, 제삼자의 입장이 되면 이성적인 경우가 많은 것 같다. 나도 그런 경향의 사람으로 보통의 경우를 벗어나지 못한다. 내가 감정적으로 일을 처리해서 망치는 경향이 있는데 그럴 경우 많은 시간을 생각을 하느라고 허비하게 된다. 그래서 '아, 내가 감정으로 일을 처리했구나.' 하고 후회하면 이미 돈도 낭비하고 마는 경향이 많은 것을 알게 된다. 내가 집에서 아이를 키우고 있을 때 보통 주방용품이나 책 등 세일즈맨이 많이 방문을 한다. 그러면 구경만 하라고 말하는 세일즈맨의 얘기에 그래야지 하지만 어느새 그 책을 사고 주방용품을 사고 있는 나를 만난다. 그 세일즈맨이 떠나고 흥분했던 마음을 내려놓으면 어느새 많은 돈이 나를 끌고 가려고 서 있다. 계획에 없던 돈, 꼭 필요하긴 했지만 당장 필요하지 않은 물건과 책을 샀던 기억이 있다.

20년 전 쯤 어느 날 비싼 독일제 주방용품 휘슬러 판매사원의 홈파티가 우리 집에서 열리게 되었다. 모든 주방용품과 기구들을 가지고 와서 간단하게 2시간 정도 홈파티를 하는데 장소를 제공해달라고 하면서 내가 아는 친척을 말했다. 그분의 집에서 하려고 했는데 바빠서 사정상 못하게 됐으니 우리 집에서 하자고 했다. 그렇게 하라고 했다. 그래서 동네 알고 지내는 분들을 몇 분 불러서 우리 집에서 시연을 했는데 비싼 주방용품으로 인해 아무도 사지 않고 모두들 홈파티에서 만든 맛있는 약밥, 볶음밥 몇 가지 음식만 먹었다. 그런데 왜 내가 미안해졌는지? 생각해보면 나는 장소 제공만으로도 판매사원에게 최고의 봉사를 했는데 아무도 사지 않은 조용한 분위기에 내가 그 비싼 주방용품을 약 200만 원 정도를 샀던 기억이 있다. 18개월 할부로 카드를 사용했다.

그때는 내가 넉넉한 게 아닌데 갑자기 일어난 나의 순식간의 행동에 오지랖을 펴고 있는 것이었다. 주방용품을 가지고 수고롭게 만들어줬는데 나는 내가 사주지 않으면 안 될 거 같다는 미안한 마음이 들었다. 특히 아무도 주방용품을 사겠다는 사람이 없을 때 내가 선뜻 나서서 샀다. 나는 내 형편을 생각한 게 아니라 그 외판원의 입장만 생각했던 것이다. 좋은 말로 충동구매 했다고 하지만 세일즈맨들은 그 충동구매를 부추기는 것이 진짜 영업을 잘하는 세일즈맨이라고 생각한다. 충동구매 후 나의 마음 상태는 후회하는게 싫으니까 스스로 달래려고 이왕 산 거 잘 써보자 하고 비싼 믹서기를 유용하게 썼고, 압력솥은 지금도 우리 집 주방의 가보로 2개째 쓰고 있다. 그 덕분에 주방의 살림이 업그레이드되어 기분이 좋았다. 주방에서 일하는 기쁨을 주기도 했다.

감정적인 경우 마음만 아픈 게 아니라 늘 돈과 함께 손해를 봤다는 생각을 하게 된다. 나는 충동구매를 잘하는 편이다. 중국에 백두산 관광을 갔을 때 한약 건강원에 가이드를 따라 한약재 파는 곳에 갔다. 중국 한의사가 약제를 만드는 과정을 얘기하고 그 얘기에 현혹되어 머릿속에서는 벌써 사려고 카드를 생각하고 있었다. 그런데 아무도 안 사는 것이다. 나는 또 미안한 마음이 들었다. 설명을 잘 듣고 아무도 사주지 않는 우리 관광객의 행동이 심지어 미워 보이기까지 했다. 고가다. 진짜 한약재를 먹으면 만병통치약이 된다고 해서 사려고 기다리고 있는데 같이 간 언니가 나와 눈을 마주치며 눈짓을 한다. 그제야 바로 정신이 들었다. 그래서 살려던 마음을 정리하고 맨 나중에 나와서 같이 여행한 언니로부터 팔랑귀라는 별명을 얻었다. 여행 내내 나를 놀리는데 그 일로 인해 여행이 더 즐거웠다. 지금 생각해보면 '팔랑귀'가 맞는 거 같았다.

요즘은 많이 성숙했고 성장했으니까 감정적인 경향이 덜하다. 그리고 이제는 많이 생각한다. 어떤 경우에도 이성적으로 생각하고 감정에 앞선 사람이 되지 않으려 노력한다. 진정 마음에서 끌리고 원하는 것은 후회를 하더라도 저지른 만큼 성숙하고 저지른 만큼 해결하기 위해 애쓰며 살던 것이 내 삶이었다. 그래서 나는 갈까 말까 망설임이 있으면 무조건 가고 사는 쪽으로 간다. 그렇게 살다 보니 다양한 것으로 인해 변화 무쌍한 날씨처럼 감당하느라 화도 나고 후회도 하고 미워도 하고 나를 기뻐하지 않은 경향이 많았다. 이제는 그런 나를 즐기고 감사하며 산다.

올해도 회갑기념으로 우리 교회 친구들과 함께 성지순례 이스라엘 여행을 가기로 했다. 가겠다는 친구들끼리 내가 5년 전 여전도 회장 할 때 회비를 모으기 시작해서 올해 돈을 탔다. 다들 저축으로 생각하고 들었던 친구들은 돌려주고 형편이 되는 사람만 가기로 했다. 나는 예수님 살았던 고향에 가보는 것어 평생의 소원이었다. 나의 형편은 갈 수 없는 사정이 있었지만 어떻게 해서라도 가고 싶은 마음에 친구들과 함께 여행을 갔던 기억이 있다. 형편 생각하고 시간 생각하면 하지 못하는 것들이 많은데 나는 보통 용감하게 덤빈다. 지금까지 살면서 무조건 망설임은 시간 낭비라는 것을 알게 된 것 같다. 사람들은 어떻게 해서라도 하려고 하는 사람은 하게 되어 있다. 여행도 삶도 마찬가지다. 하려고 하는 사람을 이기는 경우는 없다. 우리는 하려고 하는 사람은 환경과 시간이 전폭적으로 지지해준다고 믿는다.

지금 내가 책을 쓰다 보니 내 삶을 제대로 잘 정리하고 잘 알게 된 것이 큰 기쁨이다. 진짜 책을 통해 나의 잠재력과 삶의 깊이와 다양성을 접하면서 사랑스럽기도 하고 안쓰럽기도 한 사람이었다는 것을 알게 되었다. 제삼자가 되어 덜 감정적이고 나를 둘러싼 모든 일에서 나를 객관화하는 이 시간으로 인해 나는 행복한 사람이 되어가고 있다. 행복은 별 게 아니다. 나의 어제, 과거는 이제 나의 미래가 아닌 것이다. 나는 진정 나를 사랑하고 존귀히 여기며 나의 인생 2막을 거침없이 하고 싶은 것 하면서 신나게 살고 싶다. 진정 감정에 휘둘리는 것도 나쁜 것은 아니지만 모든 삶이 이성적인 것만도 좋은 것은 아니다. 우리는 감정을 가진 동물이므로 감정적일 수밖에 없다. 감정을 절제하는 것이 부족할 뿐이었다. 이성적인 것보다 감정적인 삶이 더 인간적이지 않은가. 진정으로 사람들과 소통하고 정을 나누는 것은 우리가 감정을 드러내고 감정적인 삶을 살아가는 사람들의 것이다. 감동하면 감동스럽다고 말하고, 좋아하면 좋아한다고 말하고, 기쁘면 기쁘다 말하고 살면 좋겠다.

나는 요즘 새벽 3시부터 7시 사이에 글을 쓰는데 아침이 이렇게 아름답게 태어나고 있는 것을 보고 느낄 수 있어서 좋다. 키보드 두드리면서 밝아오는 여명을 즐기는 것, 그리고 눈앞에 스탠드 불을 끄고 하늘의 밝음으로 집 안을 채워 글을 쓰는 나는 진정 감정이 넘치는 사람이다. 감정을 느끼되 환경에 덜 휘둘리고 조금씩 자연의 사랑에 듬뿍 취해 사는 내가 되고 싶다. 글로 태어나는 것은 위대하다는 것을 알게 된다. 책 한 권의 소중함, 책 한 권의 깊이 있는 울림이 마음 깊이 느껴진다.

나도 다른 사람에게 울림 있는 책을 쓰고 있는지 반성도 한다. 나의 책에 성실한 나의 감정을 잘 드러내고 싶다. 나는 진정 감정적인 사람이다. 나는 행복하다. 나는 기쁨이 넘친다. 나는 모든 일에 감사하다.

6

솔직하게 이 순간을 누려라

현재의 삶, 현재의 내가 있다. 나는 지금 이 순간을 산다. 순식간에 과거로 흘러가버린 시간 속에서 나는 오늘도 지혜롭게 살고 싶고, 하나님의 사랑 안에 살고 싶고, 하나님의 기적과 진실함으로 살고 싶은 것이다. 내가 살아 있는 것은 현재를 사는 것이라고 할 수 있다. 나는 현재를 과거의 생각과 마주하며 살고 있다. 지금 나는 현재에 미래를 꿈꾸며 산다. 미래는 우리의 마음으로 생각으로 상상으로 창조할 수 있기에 세상에 살고 있음이 행복한 거 같다. 진심으로 나는 미래를 꿈꾸는 꿈의 부자다. 나는 나를 알고 있다. 나는 나를 응원한다. 나는 나와 함께하시는 하나님의 능력을 믿는다. 진심으로 기도하며 날마다 주의 임재 안에서 나의 삶의 풍요를 느끼며 산다. 날마다 사랑으로 응원하시는 주님을 알기에 좋다. 「예수님의 사랑 신기하고 놀라워」라는 찬양이 있다. 기쁘니까 그 찬양이 저절로 입에서 나온다.

생각해보면 기적이 날마다 나의 삶에서 넘쳐난다. 태양의 변화를 느껴봤는가? 퇴근하는 길에 태양을 보게 되었다. 넉넉한 큰 원으로 건물을 앞에 두고 그 건물 위에서 나에게 응원해주는 그 태양은 나를 향해 달려오는 것처럼 보였다. 근래 들어 처음 본 모습이라 약간은 당황스럽고 행복했다. 나는 날마다 하나님의 사랑을 느낀다. 지금도 바람이 방충망을 뚫고 들어온다. 하나님은 "나는 위대한 나다. 나는 바람을 만드는 나다."라고 말씀하신다. 숲을 스치는 바람 소리가 요란하다. 나무들이 바람을 스치며 서로 하이파이브 하는 것처럼 느껴진다. 이런 자연을 대하는 나의 마음이 나의 삶의 풍요를 늘리고 내 삶의 포부와 꿈을 키우고 있다. 나는 책을 쓰는 중이다. 이 책의 내용은 혼자 힘으로 쓴 게 아니다. 모두 하나님과 함께했다. 나는 하나님의 도구다.

이 시간도 바람의 손길을 느끼는 것이 행복하다. 나는 이 밤에 글을 쓰면서 청개구리 소리를 듣는다. 서울에 살면서 개구리 소리 들을 수 있는 사람이 많지 않은데 나는 혜택을 받았다. 개구리가 노래하는 저녁에 바람은 나의 손을 시원하게 한다. 나의 앞에서 나를 감싸고 있는 모든 자연이 나의 스승이고, 나의 하나님의 손길임을 느끼고 살아간다. 현재에 느끼지 못하면 앞으로도 느끼지 못할 거라 생각한다. 하나님의 일하심을 오늘도 알고 기뻐한다. 그래서 하나님은 언제나 말씀하신다. "항상 기뻐하라. 쉬지 말고 기도하라. 범사에 감사하라." 내가 해야 할 일은 이렇게 간단한 하나님의 명령을 따르며 하나님을 느끼는 것이다. 이게 우리는 기적이다.

오늘 나는 나의 직업의 현장에서 무엇을 느꼈지? 무엇을 배웠지? 무엇을 다시 생각해야 하는 걸까? 한 사람을 살리는 것이 하나님께 잘하는 것이다. 한 영혼을 보살피는 것이 하나님의 사랑을 전하는 것이다. 나는 과연 하나님의 사랑을 잘 전하고 있는가? 최선을 다하는가? 내게 준 달란트는 내가 제대로 잘 관리하는가? 잘 발휘하고 있는가? 나를 살피고 내안에 무한한 하나님의 진리와 사랑을 깨닫는다면 현재를 잘 살고 누리고 있게 된다. 날마다 꿈을 꾸며 걷는 발걸음과 앞으로의 인생에 축하의 박수를 날마다 전하고 있다. 나는 어릴 때 내가 굉장히 대단한 사람이라고 생각했다. 어떤 날은 자연의 이치를 너무 많이 알게 되어 기뻤던 적도 있었다. 내가 국민학교 다닐 때는 언제나 공부가 쉬웠다. 공부를 못하는 친구들을 이해할 수 없었다. 그래서 그 친구들을 무시했다. 그것도 내가 살면서 저지른 무지함의 흔적이다. 하나님의 은혜가 공평함을 알지 못한무지였다. 그러던 어느 날 스치는 바람의 시원함과 아름다운 자연과 하늘의 무궁함 속에서 내가 얼마나 무지했는지 알게 되었다.

내가 진짜 능력이 있어서 공부를 잘한 것이 아니고 하나님의 은혜였다는 것을 알게 된 순간 무시했던 친구들에게 많이 미안하고 고마웠다. 일등이 있으면 꼴등도 있는 법이었다. 꼴등으로 인해 일등이 빛을 발휘하고 살았던 것이었다. 우리는 누구도 무시하면 안 되는 것이었다. 왜냐하면 우리는 모두 하나님의 영혼의 자녀이니까. 영혼이 모두 하나님께 연결되어 있으며 영혼이 잘됨같이 범사가 잘되는 복을 우리에게 주시는 하나님의 사랑이 있다. 세상을 살아가는 모든 자가 서로 다른 달란트를 가지고 조화롭게 살아가도록 하나님이 보살피신다는 것을 알게 되면서 많이 부끄러웠다.

요즘 나는 모든 사람을 볼 때 존재 자체로 보고 느끼고 감사한다. 나를 마주한 모든 사람으로부터 신비로운 하나님의 세상을 본다. 이리도 아름다운 인간들을 만드시고 서로 섬기고 사랑하며 살도록 만들어주셨는지 마음으로 보고 마음으로 느끼려 애쓴다. 이 땅에 와서 나는 무엇을 남기고 갈지 궁금하다. 남기는 거 없어도 엄마로서 사랑을 많이 준 사람으로 남고 싶다. 진정한 가정의 엄마, 나의 창조의 사역에 동참했던 가족과 친구들 그리고 이웃들에게 하나님 닮은 모습으로 살다 가고 싶다. 예수님 사랑으로 살다 간 사람으로 남고 싶다. 예수님은 이 땅에 오셔서 마땅히 누려할 것이 있으셨을까? 하나님의 아들로 이 세상에 사랑을 맘껏 전하는 멋진 사명을 감당하시면서 희열을 느끼셨으리라 생각한다.

솔직하고 정직한 삶이 오늘도 우리에게 부여된 사명이다. 감정에 정직하고, 생각에 정직하고, 마음에 정직하고, 영혼에 정직한 삶이 우리가 살아가는 현재의 삶이라 생각한다. 나는 오늘도 겉과 속이 다른 사람으로 살지 않으려 노력했다. 생각과 마음도 정직하려고 애썼다. 이런 일은 애를 쓰는 것이 아니라 느낌으로 감정으로 느끼면 되는 거 아닐까? 긍정의 감정만 느끼자. 긍정적으로 생각해보자. 따뜻하고 온기 있는 마음으로 만들어보자. 하루를 온전히 충만한 사랑으로 살아보자. 그러면 하나님의 진실하심과 큰 뜻을 이해하고 사랑하며 살게 될 것이다. 감동이 넘친다. 축복이 넘친다. 언제나 하나님은 풍요가 넘쳐서 복으로 나누고 꾸어주는 사람이 된다.

나는 지금 하나님의 풍요가 넘치고 있다. 어떤 경우에도 가난한 사람을 보면 돕는다. 최대한 사랑을 실천하려고 한다. 사랑을 실천하는 것은 우리가 보는 현실을 사랑으로 보고, 비판과 비난의 마음을 정지시키고, 적극적으로 따뜻한 시선으로 보는 것이다. 비난하고 비판하는 것은 우리가 하는 무의식 가운데 부정적이고 더 큰 불행을 만드는 요소이다. 이것을 알면서도 바꾸지 못하는 경우가 많다. 무의식 가운데 느끼지 못하기 때문이다. 지금껏 그리 살았으니까. 조금만 자제해보자. 남을 비판하는 눈길보다 칭찬할 거리를 찾아 칭찬하고 단점을 찾기보다는 장점을 찾아 격려하는 내가 되어보자. 그러면 세상은 하나님의 공의와 축복과 사랑으로 가득할 것이다. 이것이 진정으로 하나님이 바라는 세상이다. 하나님이 바라는 세상에서 나 하나 잘 챙기고 잘 다스리고 나부터 먼저 사랑을 배운 만큼 실천하며 산다면 오늘도 천국에서의 삶을 현실에서 보게 될 것이다. 나도 지금 천국을 걷는 기분으로 산다. 하나님은 날마다 박수로 응원해주신다.

"잘한다."
"축하한다."
"축복한다."
"행운이 넘치는 날이다."

나는 나를 사랑하며 멋진 삶을 산다. 하나님의 큰 축복과 기쁨을 날마다 누리며 사는 나는 이 순간 행복하다. 나는 현재를 잘 누리며 사는 사람으로 살아볼 만하다고 외치며 살게 되었다. 마음을 다지고 힘 있고 능력 있게 살아보자. 하나님이 날마다 축복으로 보살펴주실 것이다. 이제 우리도 누려보자. 진실한 하나님의 사랑을.

7

불필요한 감정에 신경 쓰지 마라

감정에는 필요한 감정과 불필요한 감정이 있다는 것인가? 불필요한 감정에는 어떤 것이 있을까? 많겠지만 대표적인 감정이 눈치 보는 것이 아닌가 한다. 언제나 자신 없고 당당함이 없는 자존감 낮은 나는 정확하게 상대방에게 감정을 드러내는 것을 못 하고 살았다. 여럿이 같이 말하면 그것을 내 의견으로 여기고 살았다고 보면 맞다. 나는 정확하게 나의 의견을 내세우지 못하는 것을 하나님께도 그렇게 했던 거 같다. 내가 힘들면 교회에 나가서 어떻게 그럴 수 있는지 따지고 기도하러 간다. 그러다 조금 형편이 나아지면 어느새 하나님은 내 마음에서 잊어버리고 혼자의 힘으로 사는 것처럼 살았다. 세상에 온 경험을 충분히 누리지 못하고 언제나 두려움이 앞섰던 거 같다. 내 마음에 두려움이 오면 나는 다시 교회를 간다. 하나님이 언제나 나를 두려움에 떨게 한다고 생각했다. 지금 생각하면 당시 내가 믿음이 부족했고 하나님을 많이 제한했던 것이다.

나는 믿음이 부족한 사람으로 살았다. 찬양하고 기도하고 예배할 때는 믿음이 커 보이지만 마음에서는 늘 불안하고 두려움이 컸다. 뭔가 조금만 일이 진척이 없거나 안 풀린다 생각하면 나의 믿음 없음을 질책하시는 것처럼 느껴졌다. 나는 두려움이 나를 짓누르면 기도하러 간다. 좋아서 가는 것이 아니고 두려워서 가는 마음이었다. 그런데 몇 해 전부터 마음이 바뀌었다. 어느새 내 마음이 커지고 의식이 많이 확장된 것이다. 이 땅에 사는 동안 하나님의 자녀로서 하나님의 큰 뜻과 비전을 알게 되면 우리는 두려움이 없고 하나님은 사랑이라는 것을 알게 된다. 하나님은 언제나 사랑으로 언제나 기다리셨다.

희로애락의 감정으로 우리의 인생은 성장한다. 조금씩 영혼이 자라고 생각이 긍정이 되고 마음이 두려움을 벗어나고 두근거리고 설레는 기쁨의 마음이 되어 하나님의 사랑과 행복을 마음 깊이 느끼고 사는 것이 우리가 사는 낙이다. 이것은 본래 하나님이 우리에게 주신 기본적인 마음, 아이같이 순수하고 깨끗한 마음으로 사는 것이다. 본래의 이렇게 깨끗하고 순수한 마음을 찾아가는 것과 알게 되는 것이 지혜이고, 하나님의 진리이다. 오늘 나는 진정으로 아름다운 우리 가족을 소개하려 한다. 우리 엄마의 아들딸은 7남매이다. 아버지는 당신 9남매의 장남이셨다. 그리고 우리 7남매를 낳으셨다. 아버지는 공무원이셨기에 면사무소에 매일 출근하셨다. 엄마는 집에서 일하시고 바쁘셨다. 아버지는 공무원이시기에 1960년대 말 1970년대 초의 정부의 시책인 아들딸 둘만 낳아 잘 기르자는 캠페인을 동네마다 외치며 다니셨다고 한다.

우리 집도 그때 나라의 정책에 따랐으면 태어나지 못할 동생이 2~3명이 된다. 그렇지만 엄마는 아버지가 말하는 얘기를 듣지 않고 아들을 낳을 때까지 낳으려고 마음먹으셨다고 한다. 엄마는 반드시 아들을 낳아야 한다고 다짐하고 계속 아이를 낳으셨다. 아들이 얼마나 좋은지 엄마의 마음에는 아들뿐이시다. 딸 5명을 낳고 아들을 낳았으니 세상에서 가장 귀한 아들이었다. 그리고 그 후에 한 명을 더 낳아 아들이 2명이 되었다. 엄마는 지금도 가장 잘한 일이 아들을 낳은 일이라고 말씀하신다. 엄마의 자존심이 살아났다고 하셨다. 남자는 기본으로 집 마루를 고친다든지 장작을 팬다든지 나무를 산에서 가져와야 하는 것 등등 힘을 써야 하니 아들이 엄마의 자랑이다 싶기도 하다.

엄마의 생신이 다가오면 우리는 멀리 콘도를 끼고 여행을 간다. 작년에는 변산 반도에 갔다. 벌써 변산은 2번째다. 엄마 생신은 음력으로 12월 13일 구정 명절 가까이 있어서 될 수 있으면 당겨서 모인다. 콘도에서 가족끼리 모여서 즐거운 여행을 시작한 지 어느새 20년이 넘었다. 항상 콘도 큰 방을 2개 빌려 한 방은 아이들 주고, 한 방은 어른들이 차지해서 저녁과 아침을 콘도 숙소에서 해결한다. 모두 모이면 28명이다. 엄마의 손자 손녀가 14명이다. 사위가 4명, 며느리가 2명 모두 콘도로 저녁까지 온다. 장소를 정하는 것은 그때그때 사정에 따라 다르지만 보통 공무원인 동생 위주로 한다. 가는 동안 시장에서 회를 뜨고 그 지방의 특색 있는 음식을 사고 숙소에 도착해서 음식을 준비한다. 보통 거의 딸들이 한다. 요즘은 솜씨 좋은 큰 올케가 주방을 차지해서 우리를 위해 맛있는 저녁을 준비해주는데 정말로 고맙게 생각한다.

신문지를 거실에 깔고 앉고 돗자리 깔고 음식을 방바닥에 차리고 야외 나왔다는 기분이 들게 빙 둘러 앉아서 밥을 먹을 때면 언제나 기분이 좋다. 이때 서로 옛날얘기를 하며 사는 얘기, 요즘 가장 핫한 뉴스 등등을 얘기한다. 엄마와 함께 여행을 하면서 전국의 많은 유명한 콘도는 다 이용해 본다. 그중에서도 가장 좋았던 것은 엄마의 칠순을 맞아 갔던 통영 마리나 리조트 60평대의 콘도를 2개 빌려 엄마 자매들과 아버지의 형제들을 모두 대접한 것이다. 우리 7남매가 준비한 그때의 여행이 가장 좋았다. 엄마의 칠순에 우리는 인터넷과 인맥을 총동원하여 식당을 정하고, 플래카드를 준비하고, 엄마에게 드릴 시도 쓰고, 이모와 외삼촌도 부르고 우리는 친가의 작은아버지 엄마도 부르고 모셨다.

우리 7남매가 매달 모았던 돈으로 엄마의 칠순을 그렇게 의미 있게 보내게 돼서 우리는 뿌듯했다. 엄마의 동기들만 오셨다. 우리는 거제와 외도를 여행했다. 차를 한 대 대절하고 통영 주변과 외도를 여행할 때의 기분이 많이 좋았다. 특히 차 안에서 노래하고 어찌나 웃었던지 아버지의 가족과 엄마의 가족의 큰 차이점을 발견하고 모두 깔깔거리고 웃었다.

　우리 엄마의 친정식구들은 모두 한결같이 음치에 가까워서 노래를 못하는 것이 특징이었다. 정말로 신기했다. 그러면서 이모님들 하시는 말씀이 너희 아버지는 노래를 참 잘하셨다고 한다. 외갓집에 가면 술상을 받고 꼭 노래를 하셨다는 외숙모의 추억에 우리 모두 아버지가 보고 싶었다. 살아 계셨으면 얼마나 좋을까. 엄마와 동갑이시니 같이 칠순기념 여행이 되었겠다 싶어 아쉬운 마음으로 엄마, 외삼촌, 이모, 이모부, 외숙모 사촌 동생들과 함께 여행을 했다.

　엄마 동기는 오셨는데 아버지 동기는 모두 교회 다니고 주일을 지켜야 한다는 이유로 한 분도 오지 않았다. 우리 삼촌 중에서 작은아버지 한 분만 교회 목사님이셨고, 모두 교회를 다니지 않으셨는데 아버지가 갑자기 돌아가시고, 삼촌 가족들이 모두 교회를 다니게 되면서 아버지 쪽은 모두 크리스천이 되었다. 나도 주일을 지키는 것을 원칙으로 하지만 엄마의 칠순이나 가족 모임에는 언제나 참석하고 즐겁게 지냈다. 지금 생각하면 잘했다는 마음이 든다. 엄마와 우리 가족의 나들이 겸 여행의 추억은 즐거움이었다. 가족들끼리 모이는 시간이 많지 않지만 엄마를 중심으로 사진을 찍고 즐거운 나들이를 만들어주는 동생들의 사랑에 나는 늘 고맙고 감사하다. 동생들이 성실하게 열심히 살고 모두 대학을 나와 자신의 위치를 잘 찾아 살고 있다.

아버지 돌아가신 후 엄마의 생신에는 이렇게 가족의 나들이로 엄마의 사랑에 보답하고 즐겁고 행복한 추억을 만든다. 고맙다. 아버지 살아 계셨으면 하는 마음이 들 때마다 서로 아버지 사랑을 꺼내고 아버지의 사랑이 대단했다는 것을 나누었다. 나는 나만 특별히 사랑해주는 줄 알았는데 알고 보니 아버지는 우리 7남매를 한 명도 빠짐없이 사랑해주셨던 것이다. 동생들과 만나면 각자 아버지의 사랑을 받은 기억이 많아서 우리는 모이면 모두 행복을 나누고 온다. 주일을 지키지 못하는 죄책감이 드는 것도 불필요한 감정이었다.

이제는 하루하루 하나님의 임재를 마음 깊이 느끼며 살고 있다. 나의 생명이 다하는 날까지 하나님은 나와 함께하실 걸 안다. 천국으로 가서 하나님과 하나 된 영혼으로 살 거라는 것을 안다. 바다로 작은 개울 물이 모이듯이 우리는 그렇게 하나님 나라에 들어가서 하나님과 함께 살게 될 것이다. 진심으로 나의 과거가 나의 미래가 아닌 것이 행복하다. 어제의 나는 오늘의 내가 아니다. 나는 날마다 성장하고 하나님을 향하여 내 영혼이 거듭나서 온 기쁨을 누리며 살고 있다. 오늘도 하나님의 축복과 사랑의 손길이 내 영혼을 만지고 나를 세운다.

나는 기쁨으로 반응하고 감사로 반응하는 인생을 산다. 이 책이 나올 수 있도록 많은 사랑과 격려와 지도를 아끼지 않으신 '한책협'의 김도사님과 권마담님, 정소장님, 포 코치님, 이슬 코치님 모두에게 감사한 마음을 전한다. 수고하셨습니다. 인생을 정리할 기회를 주셔서 감사합니다. 날마다 가장 많이 무의식 가운데서 나오는 말이다. '감사합니다. 사랑합니다.' 이 말이 나는 가장 좋다. 모두에게 축복의 말을 전한다. 책을 끝까지 읽어준 독자 여러분도 자신의 인생을 책으로 한번 써보길 바란다. 김도사님은 세계 최고의 책 쓰기 코칭가다. 그분께 맡기고 따라가면 된다. 그러면 내 인생이 달라지듯 여러분의 인생도 달라질 것이다.

내 책이 독자들에게 스치는 이슬비처럼
자신을 느끼는 작은 울림이 되길

이슬비는 가만히 봐야 보입니다.

이슬비는 처음에는 우산 없어도 괜찮습니다.

이슬비는 오래 맞으면 비에 젖습니다.

이슬비는 존재가 있습니다.

이슬비는 조용합니다.

이슬비는 작습니다.

이슬비는 소리가 없습니다.

이슬비는 귀엽습니다.

이슬비는 비입니다.

이슬비는 사랑입니다.

우리도 조용히 자신의 위치에서 이슬비처럼 촉촉이 젖어서 내 삶의 감정과 느낌을 맘껏 느끼고 생각해보는 날이 있습니다.

'내가 세상에 태어난 것이 우연일까?'
'세상에 태어났으니 이왕 사는 삶 더 잘 살아봐야지.'
'부자가 되어야지.'
'건강해야지.'
'행복해야지.'

이런 마음은 누구든지 가집니다.

그런데 그 꿈과 바람을 이루지 못하고 살다 보면 '왜?'라는 질문을 하게 됩니다. 그런 마음일 때 저는 말하고 싶습니다. 모든 해답은 자신 안에 있습니다. 우리는 모두 자신에게 답이 있음을 알면서도 모른 척 바쁜 척 하고 사는 날이 많습니다.

이제는 조용한 날 이슬비 맞으며 혼자 걸어보세요. 이슬비가 느껴지나요? 살아 있음이 느껴지나요? '왜?'라는 질문을 '어떻게 살아야 잘 사는 것일까?'로 바꿔서 질문하고 답해보면 좋겠습니다.

우리 안에 온 세상이 있습니다.

우리 안에 창조가 있습니다.

우리 안에 하나님이 계십니다.

우리 안에 나를 성전 삼으신 하나님이 거하십니다.

우리는 하나님의 위대한 자녀입니다.

하나님의 자녀로서 무엇이든지 이루고 무엇이든지 누리며 사는 우리
가 되어야 마땅하지만 우리는 스스로 원하는 창조를 제대로 못 했기에
삶을 힘들게 느낍니다. 이 세상의 경험은 모두 나를 위해 필요한 것입니
다. 경험을 자신을 성장시키는 발판으로 삼아보세요. 우리는 성장하는
사람입니다. 하나님의 창조 사역에 동참하는 유쾌한 창조자가 되어 자신
을 맘껏 누리고 이 세상에 사는 동안 자신부터 행복하고 주변을 행복하
게 하는, 진짜 이슬비 같은 삶을 살아가길 소망합니다. 이 책이 여러분의
삶에 이슬비처럼 스치는 하루 같기를 소망합니다.

우리는 살면서 공감하고 느끼고 나누며 같이해야 할 일이 많습니다.
서로 사랑하고 조금씩 양보하고 배려하며 '나 아닌 당신은 또 다른 나
의 모습입니다.'라는 생각으로 상대를 바라봐야 합니다. 그러면 이해하
지 못할 게 없고 용서하지 못할 게 없습니다. 사랑하기도 모자란데 마음
속에 아픔과 미움을 간직한 채 지나간 과거에 집착하며 사는 경우가 있
습니다. 과거의 내가 그러했고 여전히 그런 분이 있을 수 있습니다. 그런

분들이 저처럼 하나님의 큰 사랑과 의식으로 자신을 사랑하고 용서하며 풍성한 삶을 살아가길 기원합니다. 이 책을 쓰는 내내 또 다른 나의 친구들을 위해 기도했습니다. 이 책이 이슬비처럼 잠깐의 더위를 식혔다면 만족합니다. 여러분, 행복하고 건강하세요. 우리 모두 행복하고 건강할 겁니다.

이 에필로그를 쓰는 동안 이슬비가 멈추지 않고 오고 있습니다. 나를 늘 지키며 동행하시는 멋진 하나님을 여러분도 느껴보세요. 하나님의 큰 사랑을 전하는 메신저로서 행복하게 살아봅시다. 여러분, 부자 되세요. 부자 되시고 더 행복하세요. 건강하세요.

마음속 깊은 곳에 있는 말을 여러분에게 전합니다.
나는 이 말을 정말 좋아합니다. 가장 많이 하는 말입니다.

"감사합니다."
"사랑합니다."
"축복합니다."
"하늘만큼 땅만큼 행복하세요!"